# ゾルゲ工作と日独ソ関係

## 資料で読む第二次世界大戦前史

富田武

山川出版社

# 序言——本書の研究史上の意義

二〇二四年は、リヒャルト・ゾルゲおよび尾崎秀実《ほつみ》が処刑されて八〇年になる。この二人を中心とする「ゾルゲ諜報団」については多くの著作や資料集がある。冷戦初期のC・ウィロビー（福田太郎訳）『赤色スパイ団の全貌——ゾルゲ事件』（一九五三年）を嚆矢《こうし》とするが、アメリカ占領軍による対日反共工作の宣伝文書にすぎない。

## 従来のゾルゲ本を振り返る

冷戦緩和期に入ると、みすず書房がいち早く『ゾルゲ事件1〜3　現代史資料1〜3』（一九六二年）を、警察調書や裁判記録などを集大成して刊行した（『ゾルゲ事件4　現代史資料24』は一九七一年。以降、「現代史資料」以下は略す）。ソ連では一九五六年のN・フルシチョフによるスターリン批判を受けて、彼の退陣間際（一九六四年九月）に、ゾルゲが日本の「北進」＝ソ連攻撃から祖国を救った英雄として顕彰されるようになった。この頃から一九三〇〜四〇年代のスターリン弾圧の犠牲者の名誉回復も進められ、M・トゥハチェフスキーらの軍人については、専

リヒャルト・ゾルゲ(1895〜1944)。F・W・ディーキン『ゾルゲ追跡』口絵より

門誌の『軍事史雑誌』にその軍事理論ともども復権され、伝記も刊行された。欧米のジャーナリストがゾルゲについて書きはじめたのも一九六〇年代後半である（主要著作は巻末の「参考文献」を参照されたい）。彼らが書いた「スパイもの」は、史実よりもストーリー性を重視し、優れた知性と破天荒な行動力をもつ、酒と女性をこよなく愛した「超一流スパイ」ゾルゲ像を普及させることになった。

著者は、ゾルゲの存在を広く知らせるうえでジャーナリストの果たした役割を否定するつもりはない。ただ、彼らが国家機関の情報活動を「スパイ」と安易に一括する一方、学術研究、資料公開がブレジネフ期にいったん停滞したこともあって、いまだに不十分だと言いたい。たしかに、ペレストロイカ後に公文書が徐々に機密解除され、右『軍事史雑誌』などに掲載され、研究もある程度進んだ。一九九八年にロシアと日本の研究者が一堂に会して行われた国際シンポジウム「二〇世紀とゾルゲ事件」には、ロシア側からユ・ゲオルギエフら、日本側から石堂清倫《いしどうきよとも》、渡部富哉《わたべとみや》ら元コミュニストたちが参加した。そのまとめともいうべき著作が、白井久也・小林峻一編『ゾルゲはなぜ死刑にされたのか――「国際スパイ事件」の真相』（社会評論社、二〇〇〇年）である。二〇〇三年には、篠田正浩監督の映画『スパイ・ゾルゲ』が公開され、このテーマが若い人たちにも広く知られるようになった。ロシアでは著作、資料集がいくつか刊行された。V・ガヴリーロフ、E・ゴルブノーフ『ラムザーイ作戦——リハルド・ゾルゲの栄光と悲劇』（二〇〇四年、リハルドはロシア語表記、ラムザーイはコードネーム）がそれで、世界戦争阻止のための活動の「栄光」、I・スターリンと軍国日本による弾圧の「悲劇」を、資料を駆使して活写した。続いて、M・アレクセーエフ『貴方に忠実なラムザーイ——リハルド・ゾルゲと日本における軍事諜報活動』（二巻、二〇二〇年、「貴方」とはスターリン）は、諜報団の財務や人間関係を含む公文書の集成という点では群を抜くものだった（ただし、報告と回想が入り混じり、原資料と編者の評価が混在して読みにくい）。

さらに、A・フェシュン編『ゾルゲ事件　電報と書簡——一九三〇－一九四五年』がある（二〇一八年、その一部が『ゾルゲ・ファイル』として名越健郎・陽子訳で、みすず書房から二〇二二年刊行）。とくに一九三九年八月独ソ不可侵条約締結から四一年六月ドイツのソ連侵攻までの劇的な外交的駆け引き、ゾルゲによる「友人」O・オット（在日ドイツ大使館駐在武官→駐日ドイツ大使）への工作を含む巧みな諜報活動を、仔細にフォローできる資料集である。

## 本書の狙いと考察の視点

著者が長年少しずつ読み、書いてきたゾルゲについての著作を思い立ったのは、O・マシューズの『ゾルゲ伝』が翻訳、刊行された二〇二三年五月のことである。しかし書く以上、従来の資料集をフル活用し、既存の研究書にない斬新な視点に立ったものでなくてはならない。そこで、ゾルゲの日本における活動（一九三三〜四一年）を第二次世界大戦への道程に位置づけ、しかも、日本ではまともな研究がほとんど存在しない当該期のソ連軍事・軍部史と重ねることにより、新たな知見が生まれると考えた次第である。

日独同盟は当然の前提のようだが、一九二〇年代は独ソ関係の方がラパッロ条約と秘密軍事協定により友好的だったし、中国をめぐっては日独の利害対立が一九三七年まで続いていた。A・ヒトラー政権が成立して四年後の赤軍「粛清」の対象者は、右秘密軍事協力を進めてきたトゥハチェフスキーら軍近代化派で、「ドイツ内通」の罪を被せられたのである。スターリンと国防人民委員のK・ウォロシーロフは彼ら高級将官たちを処刑することによってドイツの軍事的優位を招いてしまい、スターリンが対フィンランド戦争辛勝の責任を取らせてウォロシーロフを罷免し、トゥハチェフスキーの「縦深作戦《じゅうしん》」を復活しても、ドイツの対ソ攻撃の緒戦は敗北の連続だった。

ゾルゲの所属した労農赤軍参謀本部諜報総局GRU＝グルーは、Y・ベールジン、次いでS・ウリツキーが率い、しかも二人は、スペイン軍事顧問団長として、現地を知らずにスペイン政府・軍に指図するウォロシーロフと対立し、召喚、処刑された。ゾルゲは一介の諜報要員だったから、一九二〇年代後半から続いた軍近代化論争（騎兵派VS機甲派）でいずれかに与《くみ》したわけではないが、ベールジンを尊敬していたため、機会があれば「独ソ二重スパイ」として粛清された可能性が高い。辛うじて免れたのは、ドイツ大使館（オット）情報の確度の高さから、スターリンも利用価値を認めていたからである。

ソ連は「一国社会主義」＝資本主義・帝国主義による包囲のゆえに、革命当初から諜報・防諜活動をほかの国々以上に重視してきた。経済的・軍事的な後進性を自覚していただけに、それを補う必要があった。対外諜報機関グルーのほか、国内治安機関のオゲペウが外国部を有し、競合しながら、各国の大公使館駐在武官として、また民間団体にも浸透して、エージェント（協力者）を獲得したのである。しかし、一九二〇年代末からのスターリンによる権力独占にともない、グルーもオゲペウ（後身のNKVD国家保安総局）も共産党書記長の直轄となり、三〇年代の「大粛清」の担い手となり、自身も犠牲者を出した。むろん、ナチ・ドイツには親衛隊保安部や国防軍防諜部があり、日本でも対外諜報は特務機関、防諜は憲兵隊が担ったが、ソ連は二つの機関が完全に分立し（情報交換さえ禁止）、スターリンだけが情報を独占し、権力強化の手段とした点に特徴がある。

一般に情報（諜報と防諜）は通例、手段に着目して、(a)オシント（open-source intelligence）、(b)ヒューミント（human intelligence）、(c)シギント（signal intelligence）に区分される。(a)は新聞・雑誌など公刊資料に基づく情報、(b)人間同士の会話や所作などにより得られる情報、(c)無線通信・電話情報、現代では電子情報である。ゾルゲが得た情報は、(a)としては、オットや新聞・雑誌、記者会見や旅行から得られたもの、(c)としてはM・クラウゼンが担当した無線暗号通信があり、この分野ではアメリカのマジックのような水準にはおよばなかった（日本も）。(b)はゾルゲ自身の情報活動の得意分野で、エージェントでも紙類の手渡しは危険なので、街頭、公園などで短時間に会話し、また一般の人が近づけない料亭やレストランが用いられ、ゾルゲには銀座のラインゴールド（石井花子と出会う）やローマイヤなどの行きつけの店があった。

ジャーナリストのゾルゲに関する著作は、機密情報のもつ外交的・軍事的意味の分析よりは、右のヒューミントにともなう女性関係やハニー・トラップを含む「人間臭さ」に引きずられる傾向がある。日本の軍人もハニー・トラップにかかりやすかったといわれ、ハルビン特務機関長、次いでノモンハン戦争で第二三師団長を務め、大敗した小松原道太郎も、モスクワ駐在武官当時の弱みを、その後も継続的に利用されたという論文さえある。上司のウリツキーはゾルゲに「君はシャーロック・ホームズではない」と冗談めいて書いたことがあるが、軍事諜報員は民間の探偵のように「甘くはない」と言いたかったのだろう。実際、本書が描いたようなゾルゲの苦悩とストレスは歴史家の想像をはるかに超えるものがある。

いまひとつ見逃してはならないのは、諜報機関が敵国の情報を獲得するのみならず、進んで破壊工作に従事したことである。戦争の準備は、兵器や兵員の配備、編成、演習のみならず、敵国内での事前の破壊工作（基地や武器庫など）や後方攪乱活動（交通・通信網）、さらには占領統治の準備を含むものであり、諜報活動と敵の防諜活動のせめぎあいの場にほかならない。満洲の関東軍は白系（帝政復活、反ソの）ロシア人の団体と部隊を設立し、ソ連はその団体（白系露人事務局）にはソ連工作員を潜入させていた。ソ連の満洲侵攻後一週間もしないうちに、「スメルシュ」が日本の特務機関幹部を一網打尽に捕え、まもなく軍法会議にかけて銃殺している（情報受け渡しの現場を押さえ、物証を摑んではなく、特務機関員という職務だけで）。日ソ間の満洲を舞台とする熾烈な諜報戦争は、コラムⅡ（123ページ）にも書いたが、のちに詳述する。

## 情報活動と外交

ゾルゲらの活動は、敵国近くに配置された諜報要員のそれとは異なり、入手した情報を整理、分析して電信で（一部は外交便で）モスクワ本部（諜報総局）に送ることが任務だった。また、駐在武官とは異なって他国の武官や外交官、政治家との公然たる接触は禁止されていたから、こうした制約のなかで確度の高い情報を入手し、電送することは容易ではなかった。来日一年余りはたいした成果を上げられず、本部から叱責されることも少なくなかった。

しかし、ゾルゲはドイツ紙特派員の肩書で在日ドイツ大使館に出入りし（ナチ党員にまでなって）、駐在武官オットの信頼を得てからは、やがて防共協定を締結する相手、当時は中国と友好関係にあったドイツの情報を入手できるようになった。ゾルゲは二・二六事件（一九三六年）の優れた分析で、モスクワ本部からも信用されるようになった。反面、軍事同盟への強化を希望する日本の親独派の期待に反するようなドイツ内「対日慎重論」（日本の軍事力・経済力を過小評価する）もあって、ゾルゲは外交活動の難しさを痛感し、同時に日本政財界に根強い親英米感情を知ったはずである。

日独関係の難しさは、二〇〇八年に刊行された工藤章・田嶋信雄編『日独関係史』Ⅱの第二章でドイツ人研究者が指摘した。また、本書脱稿後にB・マルティン『太平洋戦争と日独戦時同盟』(原著一九六八年)が訳出、刊行され、日独間に参謀本部レベルの定期協議さえなかったことに、米英間には協議はむろん、共同作戦すらあったことを知るだけに、衝撃を受けた。

一九三九年八月の独ソ不可侵条約の締結は、世界にとっても日本にとっても「青天《せいてん》の霹靂《へきれき》」であり、日本の対独提携論に打撃を与え、親米英派を活気づけたが、ゾルゲはなにも語っていない。ナチズムには反対していたから、ソ連外交の「生き残りのための」便法と了解していたのだろう。翌年のドイツによる欧州大陸制圧に、世論は「ドイツに続け」と沸き立ったが、本人は当然のことながら沈黙していた。次に想定されるソ連攻撃を警戒していたからである。

また、南部仏印(フランス領インドシナ)、蘭印(オランダ領インドネシア)がやがて日本の占領対象に含まれ、日本が「南進」論に傾き、アメリカが対日警戒を強める趨勢は理解していたようだが、四一年四月の日ソ中立条約締結によっても「北進」論に対する警戒は解いていなかった。八月の「関東軍特種演習」にも細心の注意を払っており、九月六日の御前会議で「南進」が決定されてホッとし、モスクワ攻撃に対して極東、シベリアのソ連軍が約二〇万人(規模は本人は知らない)西送されることを知って胸をなでおろしたのではないか。一一日にはオット大使から、ドイツは日本が(少なくとも今年中には)対ソ参戦しないと判断したことを聞いている。自分の任務終了後、一〇月ゾルゲ諜報団は日本官憲によって一網打尽に検挙されたのである。

## ゾルゲとは誰か――追悼文から

最後に、ゾルゲという人物の紹介として、異例だが一九六四年九月の墓前で読みあげられた追悼文の邦訳を示すので、最初のステップとされたい。「祖国と世界平和のための戦士」という讃辞が強調されているが、前後のどの時期よりもイデオロギー色が薄められている。

**【資料①】ゾルゲとは誰か――追悼文から**（『プラウダ』一九六四年九月四日、東京多摩にて）

ゾルゲの墓は、東京郊外の多磨霊園にある。どこか狭い山裾に墓標が並んでいる普通の日本人の墓とはまったく似ていない。多磨霊園は、並木道が幾重にも走る広大な公園である。墓石は鬱蒼《うっそう》とした灌木に隠れている。

「こちらへどうぞ」と日本の友人の誰かが小声で話した。われわれには、灰色の花崗岩の墓標に刻まれたカタカナとラテン文字が目に写った。「リヒャルト・ゾルゲ　一八九五―一九四四」。

日本の習慣で、墓石には水がかけられ、石井花子さんは灰色の着物に白い帯姿で、線香に火を点けて、法事の香とした。墓標の裏側には「ここに、反戦と世界平和……に命を捧げた英雄が眠る」と記されていた。われわれは同志リハルド・ゾルゲ、コミュニストにして諜報員たる英雄の墓碑に首を垂れた。

石井さんは感動を隠すことなく、「ソ連の方々が墓参に来られることはわかっていました」と語った。もっと早く実現すればよかったものを、諸事情からリハルド・ゾルゲと同志の諜報員たちの不滅の業績の真実を語ることが遅れてしまった。いまようやく、後世の人々にとって世界平和の大事業に貢献したシンボル、勇気と英雄主義のシンボルになる人物について語れる時が来たのである。

＊

一九三三年夏、東京にドイツ紙『フランクフルター・ツァイトゥンク』『ベルリーナー・クリエール』、オランダ紙『アムステルダム・ハンデルスブラド』特派員が到着した。四〇歳くらい、背が高く意志の強そうな男だった。どこか人を惹きつけるところがあり、片足を軽く引きずっている〔第一次世界大戦での負傷のため〕ことがエレガントに見える。

このドイツ人新米特派員は、たちまち日本社会に食い込んだ。自分が才覚あるジャーナリスト、話し上手、日本問題のスペシャリストであることを示したからだ。

ドイツ大使館では、ジャーナリストとしていっそう高く評価された。まもなくドイツ人社会の中心人物、在京ナチ党組織の最有力メンバーの一人となった。とくに緊密な関係を結んだのは駐在武官のオイゲン・オットで、彼は一九三八年に全権大使となった。

大使ディルクセンはゾルゲを大使館報道官に任命した。ドイツ帝国の法律では、民間紙のジャーナリストがこうした官職を兼ねることはありえない話だった。大使は才覚ある特派員へのサービスに強い関心があり、きわめて重要な情報も入手した。ゲシュタポ諜報網の極東責任者マイジンガー大佐は、この魅力的なジャーナリストと友情を維持し、彼のナチズムへの献身を疑いもしなかった。

報道官は、大使館の最重要機密にアクセスできた。ゲシュタポのエージェントは、リハルド・ゾルゲ博士のことをよく知っているつもりでも、じつはなにも知らなかった。後になって知って頭を抱えたのである。

＊

リハルド・ゾルゲは、ドイツ人コミュニストで、一八四八年革命の参加者フリードリッヒ・アルベルト・ゾルゲの孫だった。第一インターナショナルの著名な活動家で、マルクスとエンゲルスの友人だった。

リハルドは一八九五年、ロシアのバクーで生まれた。母はロシア人だった。父はドイツ人の会社に属する石油工場の技師だった。リハルドが三歳のとき、一家はベルリンに移住し、ドイツ帝国で成長し、教育を受けた。

第一次世界大戦が勃発すると、ゾルゲは軍に召集された。一九一六年まで前線にいたが、二度負傷して入院した。ここで初めて左翼社会主義に接した。

ロシアでは大十月革命が起こった。ドイツが沸き立ち、カイゼル体制は崩壊した。ゾルゲは一九一七年から独立社会民主党員になり、革命運動に積極的に参加した。キール、ハンブルクでは煽動員を務めた。一九一九年一二月にはドイツ共産党に加入した。この年ゾルゲはハンブルク大学で政治学博士号を取得した。

一九二〇年ドイツ将校団上層部は、君主制を復活させようとカップ一揆を起こした。ゾルゲは、このレーニンのいうドイツのコルニーロフ反乱の鎮圧に積極的に参加した。政権の座に復帰した社会民主党指導部は、反革命と闘った者たちを弾圧した。ゾルゲは地下活動を余儀なくされた。アーヘン近くの炭鉱で働き、オランダで雑役工として働いた。ヴッペルタルでは党学校で教え、ゾーリンゲンで共産党系新聞の編集者となった。

一九二五年、ゾルゲには祖国ソ連に行くチャンスが生まれた。モスクワに移り、ソ連市民ゾルゲは全連邦共産党に入り、党活動に従事した。

不安な数年が近づいてきた。西欧ではドイツ報復主義が、東方では日本軍国主義が台頭した。資本の世界は経済危機からの出口を、新たな戦争の冒険と他国の領土占領に求めていた。

一九二九年、自分の力、エネルギー、能力を諜報活動に投入することに決した。ドイツで以前に重ねた経験から感じ、気づいたファシズムの危険との闘争にもっとも有益だと考えたのである。

上海での緊迫した数年の活動を経て、『フランクフルター・ツァイトゥンク』特派員は東京行きを決めた。ドイツでヒトラーが政権を奪取した一九三三年のことだったのは、けっして偶然ではない。

ファシズムとの、新世界大戦との闘争はゾルゲの人生の意義となった。

＊

ゾルゲは東京のドイツ大使館職員の完全な信頼を獲得し、それが彼に大きな可能性を開くことになった。オット大使は報道官に最高度の機密文書を見せ、日本政府との関係についても助言を求めた。

この有能な諜報員を助けたのが、日本人愛国者たちだった。彼らは、日本をファシスト・ドイツに引き寄せ、侵略へと導く軍国主義者たちの政策の破滅的性格を知っていた。とくに積極的な役割を果たしたのが、日本政府の公式顧問だった尾崎秀実である。彼は、三度にわたって内閣を組織した近衛公爵の側近グループに入っていた。

一九三九年春ゾルゲはモスクワに、ヒトラー軍のポーランド侵攻は九月一日だと伝えた。その後の事態はまもなく、その情報の正しさを立証することになった。

一九四一年四月にゾルゲはモスクワに、ヒトラー軍のソ連攻撃準備の貴重な情報を伝えた。ソ連国境には一五〇個師団が集中し、ヒトラー軍の展開する軍事行動の見取り図を示していた。開戦は当初一日違いだったが、しばらくして、六月二二日という正確な情報が入った。同様な情報は、別ルートからもモスクワに届いたが、スターリンはこれに関心を払わなかった。

もしゾルゲその他の情報が金庫に蔵《しま》われなければ、数百万の犠牲者は救われたであろう。ああ、個人崇拝の悪弊と不可分の人々への不信、無関心の代価を支払わなければならなかった。

ヒトラーの大軍はモスクワに迫った。一九四一年の悲劇の秋を思い出す人は、ソ連国民にとっていかに困難な時だったかを知っている。撃破されたエリニャ、燃え尽きたユーフノフ〔モスクワ西南一五〇キロ、カルーガ州都〕は取り残され、ヒトラー軍はナラ〔ナルヴァ〕に接近し、首都を西北から脅かすようになった。パンフィーロフ師団は死闘を繰り広げ、モスクワ補充隊も戦力差の大きい戦場で死んでいった。主婦も、学生・生徒も〔モスクワ市西南の〕キエフ駅にバリケードを構築した。

この祖国にとって苦難の時期に、コミュニストのゾルゲと恐れを知らぬ同志たちは、またもソ連国民にこのうえない貢献をした。日本軍部が戦争開始のために戦力を太平洋に集中し、ヒトラー軍は赤軍との戦争に集中すると確信させる情報を伝えたのである。満洲の関東軍がソ連が東方国境に引き続き大部隊を貼りつけざるをえなかったにもかかわらず、極東から一部師団を再配置することを可能にした。

モスクワ防衛戦に、ヒトラー軍の崩壊のはじまりである敗戦に貢献したのは、ソ連国民であり、同志ゾルゲだった。彼自身は、この時点までに逮捕され、監獄に収容されていた。

日本の秘密警察は早くから、ドイツ大使館内でなにかよからぬことがあるようだと疑っていた。しかし、どんなに狡猾で腕利きの警察、憲兵もなにも暴けなかった。「コミュニスト」を自称する裏切り者すら見つけられず、幕引きということになるかもしれなかった。ゾルゲの友人たちは次々と拘束され、本人も四一年一〇月に逮捕された。

日本司法当局は戦争が勝っているうちは、ゾルゲのことなど考えもしなかった。しかし、戦局が不利に転換すると、反ファシスト英雄の処置を急いだ。一九四三年ゾルゲ・グループの生き残り〔仙台と網走に収監中〕に対する非公開裁判が開始された。九月にはゾルゲと尾崎に対して死刑判決がなされた。ほかの者は終身刑だった。

一九四四年一一月七日〔ロシア革命記念日〕に、東京巣鴨刑務所で死刑が執行された。刑吏が縄を締める寸前に、ゾルゲは叫んだ「共産党、ソ連邦、赤軍万歳」と。

＊

その半年後、勝利の旗がドイツ国会議事堂に翻って、ヒトラー・ドイツは降伏した。九月には軍国主

多磨霊園内に立つゾルゲの墓(東京都府中市)

義日本も打倒された。

　ニュルンベルクでは、ゾルゲが果敢に闘ったヒトラーの戦争犯罪者たちが裁判にかけられ、被告席に着かされた。東京では、有能なソ連諜報員および日本愛国者と闘った日本人戦犯〔東條英機以下〕が裁判にかけられ、〔同じ巣鴨刑務所で〕死刑に処せられた。

　ファシズム打倒という偉大な事業の祝典は終わり、ゾルゲと同志たちが命を捧げた、長く待ち望まれた平和がやってきた。しかし、闘いは終わらなかった。

　チャーチルは、悪名高いフルトンでの演説で「冷戦」の風を吹かせた。アメリカのプロパガンダは、反ソ・キャンペーンを燃え立たせるためにゾルゲの名を利用した。仮面を被った日本軍国主義者は、諜報員を幇助した愛国者＝反ファシストを中傷した。スターリンは、ゾルゲを回想しないことにした。

　しかし、名誉ある諜報員の思い出は友人たちの心に生き続けた。日本では石井花子さんだった。「私はコミュニストではありませんが、反ファシストには共感していました。ゾルゲは私のことを『赤いお嬢さん』と呼んでいました」。

　ゾルゲは死後、刑務所墓地の一般墓所に埋葬された。石井さんは上級審に訴えず、多くの妨害にもかかわらず、遺体の改葬を願い出て許可された。遺体は火葬され、友人たちが多磨霊園に埋葬した。ここである。

灰色の花崗岩には「ここに、反戦と世界平和に命を捧げた英雄が眠る。一八九五年バクーに生まれ、一九三三年来日、一九四一年逮捕され、一九四四年一一月七日に処刑された」とある。いかにも、同志ゾルゲは、社会主義と平和の偉大な事業に貢献した真の英雄、勇気ある反ファシスト戦士だった。

＊

リハルド・ゾルゲは物語、書籍、歌謡、映画に生きている。まもなくモスクワでは、映画『ゾルゲ博士、貴方は何者か?』が上映される。有名なフランスの監督、脚本家イヴ・シャンピがフランス、イタリア、日本の映画会社と協力して制作した（夫人が日本の女優岸惠子）。

この映画は史実に基づき、偏見なくソ連諜報員の英雄的活動を描いている。世界中で放映され、主人公は数百万の観客を感動させ、驚嘆させている。各国で映画評論が書かれている。

われわれはむろん、ゾルゲを知り、愛した人たちにも質問した。映画は、多少は主観的なところもあるが、真実を描いている。ある人は欠点として、主人公像が若干歪曲され、時に神経質で自制を失うように描かれている点を挙げる。ゾルゲは堅固で、穏やかで、勇敢だから人々の心に残るのだと言いたいらしい。

われわれが多磨霊園を去るとき、石井花子さんは微笑みながら「ゾルゲは出逢いにとても満足したようです」と言った。白髪の女性は、自分の一生を捧げた友が生きているかのように語った。われわれは驚かなかった、同志ゾルゲのような人物は死なないのだから。

※この文章は本邦初訳だが、一九五五年一一月七日の最初の墓参の様子は石井自身が回想している。参加者は尾崎秀樹、川合貞吉、細川嘉六、長谷川浩、神山茂夫、中西功、石堂清倫だった（石井『人間ゾルゲ』二九二―二九五）。

目次

## コラム

【凡例】

**・人名：**ロシア人については正式には名・父称・姓だが、父称は割愛し、名もI・スターリンのように簡略に表記する。ヴォロシーロフはウォロシーロフなどとする。

**・地名：**正しくはマスクヴァ、ヴラジヴァストークなどの発音の表記も、慣用に従いモスクワ、ウラジオストクなどとする。

**・機関名：**ソヴィエト国家の建前上、省庁＝人民委員部、大臣＝人民委員、次官＝人民委員代理と呼ばれたが、一九四六年以降は欧米と同じ呼称になった。

**・仮名遣い：**ゾルゲの二つの論文和訳や日本外交文書などは旧字体が混じり、言いまわしが当時のものなので、読者のために書き改めてある。

**・本文の叙述：**本文は、書下ろし以外に著者の旧著と他者の参考文献の重要個所を短縮し、パラフレイズしたものもある（段落末尾に書名と頁数を示したのも、通常の引用註ではない）。

【用語】

**《日本・ソ連・ドイツ軍の編制と階級》**基幹単位は師団と大隊

**・日本軍**

編制：①方面軍・軍・師団（平時九〇〇〇）・旅団・連隊・大隊（一〇〇〇）・中隊・小隊・分隊

②方面軍（関東軍、支那総軍、南方総軍）・軍（関東軍に第一、第三方面軍、北海道・樺太・千島は第五方面軍、南方総軍に比島方面軍、ビルマ方面軍）

階級：大将、中将、少将、大佐、中佐、少佐、大尉、中尉、少尉

・**ソ連軍**
日本の編制に軍団を加える。方面軍（スターリングラード、第一～四ウクライナ、第一～二白ロシア、ザバイカル、第一極東、第二極東など）・軍＝三個軍団・軍団＝三個師団・師団（平時七五〇〇、戦時は砲兵旅団、戦車連隊等を含め一万二〇〇〇）＝三個連隊・連隊＝三個大隊（一〇〇〇人）。師団長は中・少将、上級司令官は大将、上級大将、中隊長は中尉、上級中尉。

・**ドイツ軍**
師団以下はソ連と同じ。ただし、独ソ戦初期では北方軍集団＝二個軍プラス一個装甲集団、中央軍集団＝二個軍プラス二個装甲集団、南方軍集団＝三個軍プラス一個装甲集団。階級はソ連と同じ。

**《ソ連諜報・防諜機関》**

・**内務人民委員部（NKVD）：**共和国ごとだったが、一九三四年連邦全体の機関になった。ただし当初から、一般警察・消防・市民登録なども担当していた。

・**国家保安部（GPU＝ゲペウ）：**前身は内戦中の「反革命・投機取締り全ロシア非常委員会」＝チェカー。一九二二年連邦結成時に合同国家保安部＝OGPU（オゲペウ）、さらに一九三四年にNKVD下のGUGB＝国家保安総局になった。戦時中NKGBが独立、うち軍事防諜部は国防人民委員部NKOの防諜担当と合同して、スメルシュ（俗称「スパイに死を」）となった。

・**労農赤軍参謀本部諜報総局（GRU＝グルー）：**NKVDとは別個の機関

・**ソ連保安機関の高位階級：**一等保安コミッサール（陸軍上級大将相当）、二等保安コミッサール（陸軍大将相当）、三等保安コミッサール（陸軍中将相当）。

## 表1　ソ連における政府・保安機関の変遷

| 年 | 政府・保安機関 | 備考 |
|---|---|---|
| 1917.11 | 新たなロシア政府として人民委員会議(SNK)設置 | 議長＝首相(初代はレーニン)。ほかに外務、陸海軍、財務、農業、交通など |
| 1918 | 内戦開始。**内務人民委員部(NKVD)**、**非常委員会(ChK)**設置 | 内務：警察、消防、市民登録、国境警備など |
| 1922.04 | ChKを**国家保安部(GPU)**に改称し、NKVDの部局となる | ChK、GPU：政治(保安)警察 ＊チェキスト、ゲーペーウー名称が一般化 |
| 1922.12 | 〈ソ連邦成立〉(ロシア、ウクライナ、ベロロシア、ザカフカス)。GPUがNKVDから独立し、**合同国家保安部(OGPU)**となる | |
| 1924.07 | 〈憲法採択〉(外務、陸海軍等は連邦に、内務、農業などは各共和国に) | |
| 1930.12 | OGPU下に矯正労働収容所(ITL)が発足 | L＝ラーゲリ |
| 1934.07 | **連邦内務人民委員部(NKVD)**設置。OGPUはNKVD直轄の**国家保安総局(GUGB)**に改称 | 陸海軍人民委員部→国防人民委員部(NKO) |
| 1936.12 | 〈憲法改正〉11共和国＝ロシア系3、ザカフカス3、中央アジア5 | 36–38年大テロル |
| 1941.03 | NKVDからGUGBの後継機関である**国家保安人民委員部(NKGB)**が一時分離→4月に再統合 | |
| 1941.06 | 独ソ戦開始にともない、国家防衛委員会(GKO)設置 | 議長はスターリン。SNKと共産党政治局の権能を併せ持つ最高機関 |
| 1943.04 | NKGBが再度分離、うち軍事防諜部は国防人民委員部(NKO)下に(通称スメルシュ) | |
| 1945.09 | GKO解消 | |
| 1946.03 | 省制度移行(閣僚会議、首相、大臣)にともない、**国家保安省(MGB)**と**内務省(MVD)**を設置 | |
| 1953.03 | スターリンの死去により、MVD・MGB再統合 | |
| 1953.06 | ベリヤ処刑によりITL縮小、囚人解放→「雪解け」へ | |
| 1954.02 | **国家保安委員会(KGB)**設置 | |
| 1991.12 | 〈ソ連邦解体〉 | |
| 1992 | **ロシア連邦保安庁(FSB)**設置 | |

※GULag（グラーグ）＝矯正労働収容所管理総局／GUPVI（グプヴィ）＝捕虜・抑留者業務管理総局はともにNKVD管轄

《特殊用語》

・**諜報要員（機関員）：** 本部と世界主要都市に存在

・**エージェント：** 手先または協力者

・**レジデントゥーラ：** レジデント（各国常駐要員）の居所で、合法レジデントは表向き大使館、領事館、通商代表部の職員。非合法レジデントの居所は「アジト」（戦前の「アジトプロプ＝煽動・宣伝拠点」）と意訳するのが適切だと思われる。

・**諜報団（スパイ・グループ）：** 警察側の呼称だが、レジデントと少数のエージェントから成る。本件の場合、非合法レジデントはゾルゲ、クラウゼン、ヴーケリッチで、尾崎秀実、宮城与徳は有能なエージェントである。しかし、警察側は逮捕者と有罪者を拡大して「ゾルゲ諜報団」と呼び、ほとんどなにもしていない安田徳太郎まで有罪判決を受け、服役させられた。

・**粛清（チーストカ）：** 共産党内部からの素行不良または階級的異分子の定期的な清掃を意味していた（党員証の点検・交換の形式で）。ところが一九二〇年代末からスターリンは秘密警察を権力闘争の手段として導入、乱用し、多くの人々を処刑し、数百万もの人々を収容所に入れるようになった。これは「テロル」（フランス革命時の恐怖政治）の大規模版である。

・**縦深作戦：** 第一次世界大戦緒戦にみられたような、砲撃に続いて歩兵と騎兵が横一直線になっていっせいに敵に突撃する戦法が、機関銃の多用により犠牲者を増やし、戦車と塹壕の登場によって無意味化したことの反省から生まれた。大戦後の軍近代化にともなう戦車と航空機の主役的活用は欧米列強によって推進されたが、この用語はイギリスのフラーが一九一八年末に（大戦が終わるや）最初に用いた。ソ連では、トリアンダフィロッフ、トゥハチェフスキーらの戦略家が「縦深作戦術」を練りあげ、一九三六年の「赤軍野戦教令」に結実した。

緒戦において、まず長距離砲の砲撃と航空機による爆撃で敵陣数十キロの奥深くまで打撃を加え、敵前線部隊を打破するとともに、後方の予備部隊も弱体化してから、戦車を中心とする機甲部隊と歩兵部隊が突撃し、空挺部隊も後方に降下して一挙に敵陣奥深く蹂躙、占領するというものである（トゥハチェフスキーは縦深五〇キロ以上を想定）。これは数個師団以上を動かす大規模なものであり、戦略的要衝を獲得する性格なので、個々の戦場における戦術と、戦争の帰趨にかかわる戦略との中間の、両者を結節する作戦レベルの概念として、ソ連では「縦深作戦術」と呼ばれるのが慣わしだった（200ページに図解）。

なお、縦深作戦が最初に用いられたのは、ノモンハン戦争だと一部のソ連文献はいうが、やはり独ソ軍事交流の相手＝ドイツであり、ドイツのポーランド攻撃、フランスなど西方への進撃、そして対ソ・バルバロッサ作戦である（グデーリアンが指揮）。ソ連が用いるのは対独反攻においてであり、領内の大都市やワルシャワなどにおける作戦は、兵員数で一〇〇万、戦車数千両の大規模なものであった。

コラム

# I

## ゾルゲ映画のドラマ性と歴史実証性

ゾルゲに関するロシア映画『スパイを愛した女たち』（2019年）の日本版を観た。「卓越した諜報員ゾルゲの活動と女性遍歴」ともいうべき映画で、史実に即していないどころか、無関係の事柄を無理やり繋ぎ合わせてドラマ仕立てにした点が、歴史家としては不満である。

・日本の取り調べ機関に、ロシア語で「日本諜報機関」を当て、しかも「特高」とするのは誤り。内偵調査と逮捕は警視庁外事課と陸軍憲兵隊（防諜機関）が行い、特別高等警察（思想・国事犯対象）が登場するのは被告の取り調べ段階である。

・1938年６月に日本に亡命した内務人民委員部極東本部長リュシコーフに対するドイツ紙記者ゾルゲの単独取材は、いかに同盟国大使館のお気に入りとはいえ、ありえなかった。ましてや、ゾルゲが日本人のいる前では「総統を侮辱した」と怒り、２人きりだと「裏切り者」「人間の屑」と罵ったシーンは、ゾルゲは愛国者だと強調したいがための作り話である。

・スターリン、ウォロシーロフ、ベリヤがリュシコーフ殺害を決定し、それを暗号電信でゾルゲに命ずると、「諜報団の任務ではない、やれと無理強いするなら団を解散する」と返電したシーンがあるが、これも作り話である。

・この映画で奇妙な存在は、ゾルゲに忠実な手足のように動く部下で、ある時は人力車車夫、別の時は紳士に化ける小柄の、しかし武芸に秀でた男である。彼がサボイ・ホテルの３階からリュシコーフを突き落として殺害したシーンがあるが、リュシコーフは終戦のどさくさに紛れて、大連で日本軍特務機関将校に「用済み」として射殺された。

・尾崎秀実がゾルゲの右腕、日本情勢の「知恵袋」だったことが過小評価されており、日独伊三国同盟条約に「日本の自動的な参戦義務なし」とあるのをドイツ側が変えようとして果たせなかったことに関連して触れられたくらいである。

・「舞台装置」はよく整っている。銀座のゾルゲお気に入りの酒場ラインゴールドでは、大流行歌「リリー・マルレーン」がドイツ語で歌われた点、銀座の街並みがカラー化されており、それでいて人力車が乗用車より便利な交通手段で、役者「エノケン」の幟《のぼり》が立っていたりする点である。

ぎることを補足したものと理解し、本文を一瞥してから読まれ、必要があれば本文に立ち返るようにされたい。

| 掲載誌、頁(年月日) | 備考 | 本書掲載頁 |
|---|---|---|
| Pravda, 1964.09.04 | プラウダ | 11 |
| M.A. k1,343 | M. アレクセーエフ | 56 |
| A.F,80-83 | A. フェシュン | 57 |
| M.A. k1,350 | | 58 |
| A.F,85-88 | | 59 |
| RGASPI, F.558, Op.2, D.113, L.16-16Ob | 社会政治史公文書館 | 68 |
| RGASPI, F.558, Op.2, D.118, L.9 | 同上 | 69 |
| RGVA,F.74, Op.2, D.37, L.94-99 | 軍事公文書館 | 70 |
| Geopolitik, 1936-5 | 地政学雑誌(みすず書房訳) | 86 |
| A.F,113-114 | | 107 |
| A.F,120-122 | | 107 |
| A.F, 200 | | 111 |
| F.Z紙(筆名) | フランクフルター・ツァイトゥンク | 112 |
| R.A. 74-78 | ルースキー・アルヒーフ | 129 |
| RGVA, F.33879, Op.1, D.514, L. 187-188 | | 131 |
| ポリティカ紙7面　Vol. 34, No. 10280 | 山崎洋編著 | 137 |
| A.F. 98 | | 145 |
| A.F. 108-111 | | 146 |
| M.A. k1,541 | | 162 |
| A.F. 213-215 | | 163 |
| R.A. 148-151 | | 171 |
| R.A. 163 | | 182 |
| A.F. 244-245 | | 187 |
| R.A. 159 | | 187 |
| R.A. 157 | | 189 |
| M.A. k2,155 | | 190 |
| M.A. k2,166-169 | | 193 |
| M.A. k2,287 | | 194 |
| M.A. k2,291-292 | | 195 |
| M.A. k2,304-305 | | 196 |
| R.A. 173-174 | | 197 |
| 日本外交文書「第二次欧州大戦と日本」第1冊、357-360 | | 198 |
| ViZh, 2001-3, 95-96 | 軍事史雑誌 | 203 |
| 1941 god, k2,180-181 | | 209 |
| 1941 god, k2,252 | | 210 |
| 1941 god, k2,338 | | 210 |
| 1941 god, k2,349-350 | | 211 |
| 日本外交文書、同上、422-427 | | 212 |
| 同上、468-469 | | 213 |
| A.F. 382-383 | No.668217 | 214 |
| A.F. 390-392 | No.668313 | 215 |
| A.F. 386 | | 219 |
| A.F. 396 | | 223 |

## 表2　引用資料出典一覧

個々の資料は、本文の理解を助けるため付近に適宜配置し、読みやすいように二段組みにしてある。資料は本文の叙述を裏付け、または、本文では細かす

| | 名称と概要 | 発信者 | 受信者 |
|---|---|---|---|
| ① | ゾルゲとは誰か——追悼文から | | |
| ②ア | 1933年9月から35年7月までの活動報告(1935.07.28) | ラムザーイ | ベールジン |
| イ | エージェントの活動に関する本部への説明(1935.08.03) | ラムザーイ | 本部 |
| ウ | ポクラードクのゾルゲ評(1935.08.05) | ポクラードク | |
| エ | 在日レジデントゥーラの任務(1935.08.13) | 本部 | ラムザーイ |
| ③ア | トゥハチェフスキーの戦車生産促進意見(1934.06.28) | | スターリン |
| イ | 同上、高速爆撃機追加注文(1935.02.03) | | 同上 |
| ウ | ウォロシーロフ、赤軍機甲化認めながら騎兵擁護(1935.09.16) | ウォロシーロフ | スターリンら |
| ④ | ゾルゲ「東京における軍隊の反乱」(1936.05) | | |
| ⑤ア | 日独防共協定交渉の難航(1936.05.31) | ラムザーイ | 本部 |
| イ | ウリツキーによるドイツ対日消極化の評価(1936.07.20) | ウリツキー | ウォロシーロフ |
| ⑥ア | 独中・日独関係に対するオットの見方(1937.10.08) | ラムザーイ | 本部 |
| イ | ゾルゲの日中戦争論評(1937.12.14) | ラムザーイ | |
| ⑦ア | 極東赤軍のソ連極東防衛に関する報告(1937.03.27) | ラーピン | |
| イ | 『極東赤軍諜報報告』第5号抜粋(1937.07.26) | | |
| ウ | ヴーケリッチの記事「日本の独伊連合への参加」(1937.01.03) | ヴーケリッチ | |
| ⑧ア | シロートキンのラムザーイ人物評価(1936.03) | シロートキン | 本部 |
| イ | 本部によるラムザーイへの活動上の指示(1936.05.15) | 本部 | ラムザーイ |
| ⑨ア | ポクラードクのゾルゲ告発(1937.08.17) | ポクラードク | エジョーフ |
| イ | ゾルゲの本部長への帰国願い(1938.03.26) | ラムザーイ | 本部 |
| ⑩ア | リュシコーフの特別記者会見 (1938.07.13) | ラムザーイ | 本部 |
| イ | ソ・フィン戦後のドイツの対日不安(1940.02.01) | ラムザーイ | 本部 |
| ⑪ア | 独ソ不可侵条約の日本への衝撃(1939.08.24) | ラムザーイ | 本部 |
| イ | 駐日ソ連武官の本部への報告(1939.08.26) | クルィローフ | 本部 |
| ⑫ア | 軍事同盟格上げ交渉における日本側留保(1940.06.24) | ラムザーイ | 本部 |
| イ | ゾルゲが得た三国同盟締結交渉の情報(1940.09.15) | ラムザーイ | 本部 |
| ウ | モーロトフが駐日大使に中立条約締結示唆(1940.11.19) | ラムザーイ | 本部 |
| エ | 大島が同盟強化、シンガポール攻撃を主張(1941.01.18) | ラムザーイ | 本部 |
| オ | グルー駐ソ米国大使、真珠湾奇襲を警告(1941.01.27) | ラムザーイ | 本部 |
| カ | ドイツ国防軍統合司令部司令「対日協力」(1941.03.05) | ラムザーイ | 本部 |
| キ | 近衛首相がドイツを訪問する松岡外相に注文(1941.03.10) | ラムザーイ | 本部 |
| ク | 大島駐独大使の本省への意見具申(1941.04.16) | 大島浩 | 外務本省 |
| ⑬ | スターリンが対独戦略転換を指示(1940.04.21) | | |
| ⑭ア | ソ連在ベルリン諜報員の独軍侵攻準備情報(1941.05.09) | | |
| イ | ラムザーイの入手したドイツ軍集結状況(1941.05.21) | | |
| ウ | 在ケーニヒスベルク杉原領事の本省宛電報(1941.06.10) | 杉原千畝 | 外務本省 |
| エ | 在ベルリンNKGB要員の報告(1940.06.11) | | |
| オ | 日本外務省の独ソ開戦の情勢判断と対処方針(1941.06.23) | 日本外務省 | |
| カ | 日本外務省の対ソ外交交渉要綱(1941.08.04) | 同上 | |
| キ | 赤軍参謀本部諜報総局特別報知(1941.08.20)関特演 | 本部 | |
| ク | 同上(1941.08.29)日本支配層の動向 | 本部 | |
| ⑮ | オット大使の日本参戦断念(1941.09.11) | インソン=ゾルゲ | 本部 |
| ⑯ | ゾルゲ諜報団検挙(1941.10.30) | | 本部 |

※数字は頁数を示す。k1は第1冊。公文書館の分類は、F＝Fond(書庫)、Op＝Opis'(目録), D＝Delo(ファイル)、L＝List(枚目。Ob=裏面)。

# 1 章

# 満洲事変と日ソ関係

## ゾルゲ来日(1933年)前後の日ソ両国

満洲事変の契機となった中国・柳条湖の南満州鉄道爆破現場(1931年9月。朝日新聞社提供)

# 1 五カ年計画とソ連の情勢認識

## 計画達成・重工業化の優先

一般にソ連の第一次五カ年計画は一九二八年に開始されたとされる。しかし、もっとも野心的な計画案（最適案）を採択した二九年四月の共産党第一六回協議会こそが真のスタートであった。当時の（I・）スターリン派と（N・）ブハーリン派との論争のなかで、計画はもはや経済合理的な議論に基づくものではなく、低い目標を掲げることが右翼反対派として批判される状況になっていた。「われわれは、先進諸国に五〇年から一〇〇年立ち後れている。この距離を一〇年で駆け抜けなければならない。われわれがこれを成し遂げるか、それとも押しつぶされるか、である」。この三一年二月のスターリン発言は、当時の党＝国家指導部の切迫感を示している。

最適案は工業生産を一八〇パーセント増、うち生産手段生産を二三〇パーセント増と定め、銑《せん》鉄《てっ》は三四〇万トンを一〇〇〇万トンに引き上げるものだったが、三〇年六～七月の第一六回党大会では、さらに一七〇〇万トンにまで引き上げられた。こうした国家レベルの目標に従い、各企業は高い生産目標を立て、労働者には高いノルマ（標準作業量）を課し、出来高払い制やプレミアで生産意欲を刺激しつつ、生産に駆り立てた。既存の工場、鉱山では設備の更新がはかられる一方、多数の工場、コンビナートが新たに建設された。マグニトゴルスク、クズネックの製鉄所、スターリングラード、チェリャビンスク、ハリコフのトラクター工場などである。

急進的工業化は、一部の青年労働者の社会主義への熱情に依拠し、「突撃作業運動」、「社会主義的競争」のような合理化をともなわない精神主義的な増産運動によって進められた。この過程でブルジョア出身専門家が排撃されたが、二八年三月「シャフトゥイ裁判」にはじまる一連の政治裁判がそれに拍車をかけた。三〇～三一年の「産業党裁判」ではM・ラムジーンらが、「メンシェヴィキ裁判」ではV・グローマン、N・スハーノフらが、「勤労農民党裁判」ではN・コンドラーチェフ、A・チャヤーノフらの著名な経済専門家が被告席に着かせられた。青年労働者の攻撃は、ブハーリン派のM・トムスキー率いる労働組合幹部層にも向けられ、労働組合は自立性を剥奪され、国家と企業に従順な機関に変えられた。

第一次五カ年計画の工業生産は一六回党協議会の目標にはおよばなかったが、大恐慌下の資本主義諸国を後目《しりめ》に類例をみないテンポで増加した（銑鉄は三二年に六二〇万トン）。しかし、およそゴスプラン（国家計画委員会）が工場・鉱山レベルまでの統一的な計画を立てられるはずがない。

工場・鉱山サイドも計画を「適度に」（高すぎて次年度に目標数字を引き上げられない程度に）超過達成した。市場による調節がないだけに、鉄鋼生産に石炭・コークスの供給が追いつかないなどの無数の不均衡を生み出した。労働者は、人手不足の有利な条件下で「適度に」（手抜きして）働き、月末になると突貫作業で「帳尻合わせ」するのだった。職場をしばしば替え、「渡り歩く」こともできた。しかも、経営側もこうした働きぶりを織り込み済みで、省庁から降ろされる生産目標の引き下げに努めたのである。

国民の負担は大きく、生活は苦しかった。農民は生産コストを大きく下回る価格で農産物を納入させられる一方、割高な工業製品を購入したが、この差額が工業化の有力な原資だった。労働者の賃金は、格差を拡大しながら（出来高払い制）、全体として名目的には上昇したが、実質賃金はインフレにより、公債の強制購入によっても低下した。国家はまた、欧米からの設備・機械輸入のため穀物輸出を増やしたが、それは、配給制下の都市における貧相な食生活、農村における飢饉を前提とした飢餓輸出にほかならなかった。

この工業化は後の自画自賛的評価とは裏腹に、欧米資本主義国からの設備・技術（ライセンス）購入、技術者の現場での協力に大きく支えられていたのである。ネップ期のソ連経済・技術水準は欧米に大きく遅れをとっていたからだが、大恐慌下の欧米諸国から職場を求めて、一部は社会主義に魅《ひ》かれて労働者、技術者がソ連にやってきたことも見逃せない。むろん、ソ連が欧米諸国と友好関係にあったわけではなく、欧米諸国はソ連が囚人労働による安価な製品を

「ダンピング輸出している」と非難し、ソ連は帝国主義諸国がブロックごとに対立しながら、フランスをはじめとする列強がソ連攻撃のチャンスを窺っているとみていた。

第二次五カ年計画（一九三三～三七年）は、「量より質」を重視し（技術の修得）、多少とも消費財生産に配慮し、一九三五年初頭には穀物などの配給制が廃止された。スターリンは「生活がよくなった」と宣伝しながら、いっそうの生産増強を求めた。同年八月にドンバス（ウクライナのドネック炭鉱）ではじめられた生産性向上運動＝スタハーノフ運動が称揚され、作業ノルマの超過達成者には報奨金と住宅などの優先配分の特典が与えられた。

他方では、農業集団化と穀物徴発に抵抗した農民を矯正労働収容所（再教育を建前とした強制労働収容所）に数百万の規模で送り込み、白海・バルト海運河などの巨大プロジェクト建設に酷使したことも忘れてはならない。

こうして一九三七年に、ソ連は工業総生産でヨーロッパ一位（世界ではアメリカに次いで二位）となり、「重厚長大」型生産中心の工業大国にのしあがったのである。

（富田『スターリニズムの統治構造』一六～二一）

## 対ソ戦争警戒の外交政策

スターリン指導部が急速な工業化に踏みきった動機は、資本主義に包囲されているという心理、戦争切迫の脅威であった（一九二七年にはイギリスとの戦争パニック＝ウォー・スケアに見舞われた）。一九二九年末の大恐慌も、帝国主義間闘争の激化、対ソ戦争の挑発をうながすものと捉えられ、コミンテルン（共産主義インターナショナル。本部はモスクワ）では「ソ連防衛」がいっそう前面に押し出された。しかし大恐慌は、ソ連にとってチャンスでもあった。欧米資本主義国が工業製品の輸出を渇望しているため、その輸入で工業化を促進できるからである。たしかに、大恐慌は貿易のスパイラル的縮小をもたらしたが、一九三〇年は輸出入とも、一九三一年は輸入で二九年を上まわっており、貿易が縮小に転ずるのは世界経済のブロック化が進行し、ソ連が大飢饉で穀物輸出を激減させた三二年以降のことである。とくにドイツとのラパッロ条約以来の緊密な経済・軍事協力関係は貿易にも現れており、A・ヒトラーが政権に就いた一九三三年でもなお輸入相手国の首位を占めていた。

独ソ関係は、「シャフトゥイ裁判」でドイツ人技師が逮捕されたことや、農業集団化の際ヴォルガ流域などのドイツ人経営も対象となったため紛争が生じたことを別とすれば、おおむね順調であった。三〇年秋にフランスがソ連の「ダンピング」を非難して「制裁措置」をとり、ソ連が「産業党裁判」キャンペーンでフランスの「干渉計画」を強調すると、それだけ独ソ関係は深まった。

一九三一年二月にドイツ工業界代表団が訪ソし、六月には独ソ中立条約（二六年調印）が延長された。この頃クレディット・アンシュタルト（オーストリアの銀行）破産の影響でドイツの恐慌が深刻化すると、ソ連共産党政治局はスターリンの提案に基づいて、党・政府機関紙での報道のトーンを「穏健化」するよう求める決定を行った。コミンテルンによる「恐慌が深まれば、革命が近づく」という煽動とは裏腹に、スターリンは対独経済関係を重視していたのである。

そのもうひとつの現れが、ドイツからの技術者、熟練労働者の大量招聘である。たとえば三〇年七月一日から一〇月一日までにベルリンのヴェセンハ（最高国民経済会議）代表部によって徴募され、ベルリンから送られた者は一〇四一人（労働者七三五、技師一三六、職長一七〇）で、契約済みで待機中が八八三人もいた。

（富田『スターリニズムの統治構造』三八〜三九）

## 駐日大使館と日本の親ソ派

かつて拙著『戦間期の日ソ関係』で、戦前の日本は世論が「反共反ソ」一本に固まっていたわけではなく、「親露反ソ」（文学者を中心に多数いた）、「容共親ソ」（共産党）のほか「反共親ソ」があり、最後を代表するのが後藤新平の「日露協会」であると記した。

日露協会は最初の活動がシベリア出兵時の混乱したロシアにおける経済活動だったため誤解されたが、伊藤博文の遺志を継いだ後藤は、干渉失敗ののち世間の「恐露病」を批判しながら、新国家ソ連との国交（ロシア期を含めれば「復交」）を促進し、一九二五年一月の日ソ基本条約締結におおいに貢献した。懸案の漁業問題の解決をはかり、北樺太から撤兵して利権事業にも着手する成果を挙げた。その外交観はドイツ、ロシア、中国と結ぶ点で「旧外交」的だったが、米英追随的な（ただし「国際連盟」も含む）「新外交」にも不満をもつ政財界のなかで一定の勢力をなしていた。

後藤は一九二九年に没したが、後継の斎藤実会頭は一九三二年三月二六日、「対ソ国策に関する意見」を犬養毅首相に提出した。その核心は、ソ連は世界の共産化どころか、五カ年計画の遂行に没頭していて、少なくとも二次計画期間一〇年は他国との紛争を避けたいと考えている、そもそも共産主義は「純然たる主義どおりに」行われるものではなく、「国家資本主義から国家社会主義に」進もうというのが現状である、という認識である。ソ連は満洲事変においても、日本の立場を了解して相当の便宜をはかっており、日本が東支（中東）鉄道の現状を維持することの保障を与えれば、北満洲で不測の事態は起こらない。「速《すみや》かにソ連邦と手を握り、徐々に支那をして両国の圧力を感ぜしめてその反省をうながし」、「米国の圧迫に対抗」することこそ、東洋平和への唯一の道だというのである。アメリカに対抗し、日ソが協力して中国問題にあたるという筋立ては、亡き後藤新平の構想にほかならない。

日ソ国交後の二代目大使A・トロヤノフスキー、三代目K・ユレーネフは、満洲で策動する関東軍、それを動かしているとみた荒木貞夫（三一〜三四年に陸相）ら軍部ファシストを警戒し、政党内閣を維持してきた穏健派（三二年五月犬養毅首相は殺害されたが、次の首相は斎藤。さらに斎藤は首相退任後に内大臣となる）に期待を寄せていた。

しかし、トロヤノフスキーは右の「軍部ファシスト対穏健派」、端的には「荒木対加藤（寛治、海軍強硬派だが協会有力幹事）」の枠組みに囚われるあまり、軍近代化を急ぐ永田鉄山やユニークな対ソ戦構想を抱く石原莞爾の役割を位置づけられなかった。ユレーネフは「軍部ファシスト対宮中・金融資本グループ」と部分的に修正したが、「三二年テーゼ」的な（天皇制と封建制の強力な残存）認識、外交官らしい「親ソか反ソか」直感から抜けられなかった。彼らの情報は、大使館でのパーティなど表向きの場所での政財界の大物、または新聞記者からの情報、大使館内での日刊紙、月刊誌などの分析（研究会）から得られたものにすぎなかった。ちなみに、大使館員たちはもちろん、ユレーネフも、フリーパスで出入りする『フランクフルター・ツァイトゥンク』記者ゾルゲがグルー要員だとは、まったく気づいていなかった。

駐日大使館はいうまでもなく、対日諜報活動を行っていた。大使館付武官は独自の情報ルートをもっていたようで、警察の内偵によれば（一九三二年）、陸軍武官I・リンクは、関東軍司令官の武藤信義大将、同参謀長の小磯国昭中将は不可侵条約に賛成していると語ったという。陸軍武官補佐官のP・パノーフは、参謀本部の笠原幸雄中佐、藤塚止戈夫《しかお》少佐につき、後者が日ソ開戦論者であるのに対し、前者は自重論者だと述べたようである。パノーフはまた、前年以来岡村某なる人物を情報提供者として重用し、日本の軍需工業や陸軍の兵力・装備などを調査、報告させていた。

民間の日ソ友好団体としては、日露協会のほか、「ソヴェートの友の会」（一九三一年六月発足）、

「日ソ文化協会」（三二年六月改称）があった。秋田雨雀《うじゃく》、昇曙夢《のぼりしょむ》、米川正夫ら文学者、大竹博吉のようなロシア語書籍商、布施辰治のような弁護士、加藤正のような哲学者、安田徳太郎のような医者などソ連シンパから成っていたが、むろんソ連諜報要員の工作対象ではなかった。

（富田『戦間期の日ソ関係』一二四－一二八）

唯一の例外が安田で、宮城与徳《よとく》が一九三五年六月一四日の初診以来、診療所にたびたび顔を見せ、日独防共協定からノモンハン事件、四一年七月二日の御前会議などの情報を伝えてくれたという。宮城も、九津見《くつみ》房子や高倉テルから聞いていたうえに、安田が左翼シンパで善良な人間であると知って心を許して語ったのだろう。結局、安田はゾルゲ諜報団全体のことはなにも知らず、宮城の協力者ということで、諜報団の一斉検挙からしばらくして四二年六月に検挙・起訴され、治安維持法違反で懲役二年・執行猶予五年の判決を受けた。

（安田『思い出す人びと』二三六～二八四）

# 2 日本軍部の対ソ政策

## 満洲事変と「満洲国」建国

満洲事変が勃発すると、スターリンはいち早く日中の紛争に対する「厳正中立」を宣言させ、「対日挑発」を厳禁する慎重な政策をとった。一九三一年九月二三日スターリンは休暇先から腹心の政治局員Ｌ・カガノーヴィチ、Ｖ・モーロトフに書簡を送り、「わが方からの軍事的干渉はむろん考えられず、外交的干渉も不適当だ」、帝国主義者を結束させてしまうからだという認識を示した。

『プラウダ』紙（党機関紙）は日本占領者や国際連盟、アメリカを罵《ののし》ってよいが、『イズヴェスチヤ』紙（政府機関紙）は「穏健な論調にすることが絶対に必要だ」と指示した。一一月一一日共産党政治局は、スターリン、モーロトフ提案の中東鉄道幹部に対する指示を採択した。中東鉄道における「厳正中立」実施のため、中東鉄道守備隊を付属地における作戦行動に利用させないこと、中東鉄道を中国、日本いずれの部隊輸送にも使用させないことなどを厳守せよというのである。

こうした最高指導部の態度は、第一次五カ年計画（一九二八〜三二年）に専念し、国力および国防力の充実を待つためにほかならない。一一月二七日スターリンはK・ウォロシーロフ宛書簡で「日本はこの冬はソ連に襲いかかろうとはしないが、来年はやるかもしれない」、当面の主要任務は極東の防衛強化で、二年間でそれが果たされれば日本がソ連を攻撃しようとしても遅すぎることになろうと述べている。つまり、ソ連は、日本が満洲制圧後に攻撃してくることを極度に恐れながら、それを凌げば五カ年計画の遂行で国防力を強化したソ連を攻撃することは困難だとみていたのである。

一九三一年一二月ソ連側は、外相就任のためパリから帰任途次の芳澤謙吉駐仏大使に不可侵条約締結を提議した。翌年一月二六日トロヤノフスキー大使は、日露協会幹事の田中清次郎と「長時間、私的に」会談した。田中は、軍人と一部反動政治家の間には、主として五カ年計画が危険なためソ連と紛争を起こそうという潮流が存在するが、自分と多くの日本人が不可侵条約に賛成していると説明した。政府の公式見解は、両国ともパリ不戦条約に加入しているので不可侵条約はことさら必要ではなく、それより漁業問題や通商問題などが先決だというものであった。

しかし、関東軍の破竹の進撃、北満洲侵攻により、ソ連もしだいに対日姿勢を硬化させるようになった。一九三二年一月二四日の『イズヴェスチヤ』論説は、日本政府に中東鉄道ソ連権益の尊重と、北満洲において関東軍が支援する白衛派（反ソ・帝政支持派）の活動中止を要求したものである。

さらに満洲国建国の三日後、三月四日の『イズヴェスチヤ』論説は、ソ連による満洲事変に対する「厳正中立」政策にもかかわらず、日本軍部が対ソ戦争を挑発していると激しく非難した。日本軍による北満洲制圧とソ連国境進出に対しては国防力と国境警備を強化せざるをえないが、ソ連としてはあくまで平和政策を追求し、前年末に不可侵条約締結を提議した。しかし、日本は二カ月も回答を引き延ばし、満洲における白衛派の反ソ活動を助長している。対ソ戦争挑発の例が「日本軍部の責任ある地位の者」の論文である。日本軍部が対ソ開戦は早ければ早いほど有利だとみていること、開戦したらバイカル湖まで進出し、沿海州・ザバイカルを占領すること、さらに西進するか否かは西方隣接諸国（明示されていないが、ポーランド、ルーマニア、沿バルト諸国を指す）が呼応するかにかかっていること、といった内容である。

この論説は日本に対する警告であるとともに、ソ連国民に対して警戒心の喚起をねらったものだが、かえって満洲事変で呼び覚まされた日本の侵略への恐れに火をつける結果にもなった。「この春日本との戦争が必ず起こり、日本がソ連に襲いかかってバイカル湖まで占領し、西方からはポーランドが攻めてくる。……モスクワは負傷者であふれる」等々の話が工場やコルホーズで出ていると、オゲペウが報告書に記していた。日本のシベリア干渉戦争の記憶はソ連国民に語り継がれていた。一九二七年英ソ断交の際に生じて以来のウォー・スケア（戦争パニック）

の記憶も新しかった。

他方、日本では三月一二日、閣議が「満蒙問題処理方針要綱」を決定した。満蒙は「帝国存立の重要要素」にふさわしいものにすること、満蒙は支那本部政権から分離独立した政権の支配地域となっており、「逐次、一国家の実質を具有するよう誘導する」こと、その治安維持は当面、主として帝国が行うこと、満蒙を「帝国の対露対支国防の第一線」とし、帝国陸海軍をもって国防に充てる（新国家に正規軍を許さない）こと、「満蒙におけるわが権益の回復拡充は新国家を相手」とすること、国防および治安維持などの施策は「国際法ないし国際条約抵触を避け……できうるかぎり新国家側の自主的発意に基づくがごとき形式に依る」こと、帝国の満蒙政策遂行のため速やかに統制機関を設置すること、以上である。

こうしたなかでソ連指導部は「田中メモランダム」（日本では「田中上奏文」）に対する態度を変更した。満洲事変が勃発すると、まずコミンテルン執行委員会はこれを機関誌に公表し（一九三一年一二月一〇日付）、満洲事変を一九二七年六月「田中メモランダム」以来の日本帝国主義の一貫した大陸侵略政策の現れだとした。トロヤノフスキー大使自身も、一九三二年三月三〇日付L・カラハーン（外務人民委員代理）宛報告で二年前の評価（中国人による偽書）を変更し、「こうなっては故田中男爵の有名なメモランダムの信憑性に対する疑いは消えた」と述べるようになった。そして五月三〇日の『イズヴェスチヤ』論説では、「田中メモランダム」が日本帝国主義の侵略政策の根拠として公然と言及されるようになったのである。

（富田『戦間期の日ソ関係』七九〜八三）

## 対ソ戦争の構想

満洲事変によりソ連の対日諜報活動はいちだんと活発化したが、まずはオゲペウ外国部によるモスクワの日本大使館からの情報入手から述べよう。駐ソ大使館付武官の笠原幸雄中佐、河辺虎四郎中佐が機密文書を盗まれ、のちに極東国際軍事裁判（東京裁判）においてソ連側検事より日本の侵略計画の証拠として提出されることになった件が有名だからである。

河辺は回想録でこの件を在任中の醜態として挙げているが、なんの書類かは触れていないし、前任者（笠原）の一件と合わせて二件しかなかったように記している。しかし、極東国際軍事裁判速記録によれば、笠原二件、河辺二件の計四件の文書がなんらかの方法でソ連側に知られていた。しかも、筆者がモスクワの軍事公文書館で調べたところ、さらに少なくとも二件ずつの文書および神田正種の参謀本部宛報告が同じくソ連側に知られていた。これら九件は拙著『戦間期の日ソ関係』で紹介したので、重要な六件に留める。

①笠原の一九三一年三月二九日付参謀本部宛報告「日本の対ソ国防に関する判断」で、『イズヴェスチヤ』三二年三月四日に暴露されたものである。その入手方法についてはロシアの研究者がすでに明らかにしている。すなわち、オゲペウ要員は笠原報告を盗み出し、スターリンの

下に翌年二月二八日に届けたこと、スターリンはその翻訳を注意深く、アンダーラインを引いて読み、ほかの政治局員に回覧したうえで三月四日『イズヴェスチヤ』論説に抜粋、利用させたこと、笠原は記事を見て驚き、四月七日参謀本部第二部長宛電報で「機密文書が開封検閲されているようだ」と報告していること、である。タイプ打ちした報告は外交便（クーリエ）で送られたから、その「開封検閲」を本人は疑ったのだが、じつは保存していた手書き原稿が一カ月近く経ってから不注意で大使館ロシア人雇い人（掃除婦か）に盗まれたと解するのが妥当であろう。

②笠原の一九三一年七月作成記録「広田大使・原田少将面談の件」。これは正確には、広田・原田面談レジュメと原田敬一少将に対する笠原の講話概要から成る。前者は、広田弘毅駐ソ大使が「何時にても戦争する覚悟を以て、対ソ強硬政策を探る必要あるべし、主目的は共産主義防衛というよりもむしろ極東・シベリアの占領にあり」と述べたことを記録している。後者は、基本的には①の要約と判断してよいが、その時点を「極東問題解決の絶好機」としながらも、軍事的圧力によるものと想定している点が、笠原のソ連認識の変化を示している。

③笠原の一九三一年一二月の参謀本部宛報告。これは、ソ連の軍事力を紹介、評価したもので、①の報告が「対ソ予防戦争の好機」と受け取れる判断だったのに対し、五カ年計画と国防力増強の実態がわかってきただけに「今や赤軍は日本軍を量的にのみならず、質的にも凌駕している」と結論づけている（戦車は少なくとも六〇〇両、日本は四〇〜五〇両。中堅指揮官の層の厚さ）。

そして、ソ連は軍事力を強化しても国内情勢が困難なので大規模な戦争に突き進めない、満洲事変におけるソ連の態度がその証左だという議論に対し、この議論が妥当するのはいまだけだと戒めている。この文書を読んだソ連側の反応はむろんわからないが、書き込みには「三月四日スターリンへ」とあるから、先の報告の追加として提出されたとみられる。

④河辺に対して一九三二年七月一六日に、モスクワに立ち寄った神田正種中佐が行った笠原（この時点で参謀本部第二部ロシア班長）からの伝達。「対ロ戦争準備を昭和九年（一九三四年）初冬まで完成に決す。ただし準備後すぐにはじめるにあらず、満洲国を固めるためにも対ロ戦争を必要とす。ただしこれは軍部全般の考えにはあらず」という伝達である。

⑤河辺の一九三四年二月一三日付参謀本部宛電報。オゲペウ長官代理G・ヤゴーダのスターリン宛報告によれば、その内容はソ連軍幹部の対日態度に関するもので、参謀総長A・エゴーロフ、騎兵総監S・ブジョンヌィ、航空総監Y・アルクスニスらは対日友好を説いているのに対し、陸海軍人民委員代理M・トゥハチェフスキーのみが反対しているという。また、極東赤軍司令官V・ブリュッヘル演説から読みとれるのは、日本はアメリカとの戦争を余儀なくされるであろうが、そのための原料基地を確保すべく満洲と並んで沿海州を占領する必要があること、日本は明らかに対ソ戦争を挑発しており、試験済みの戦術、奇襲（日露戦争における旅順奇襲）の成功を確信していること、だという。この情報の正確さには疑問なしとしないが、重要なのは、河辺がその情報を赤軍参謀本部第四部（諜報部）第七（対外連絡）課長のV・スマーギ

ンから入手したと記されている点であった。スマーギンは一九二五年から三一年まで駐日大使館付武官補佐を務め、河辺と他国の駐在武官よりは親密に接触しており、ヤゴーダは彼を参謀本部第四部第七課長から罷免すべきだと進言したのである。この情報提供についても真偽の判断はできないが、ソ連側が対日警戒心を高め、極度に神経質になっていたことはたしかであろう。

⑥一九三四年二月一五日付駐トルコ大使館付武官神田正種の参謀本部宛報告書「対ソ政治・戦略方策にイスラム諸国を利用できる可能性、平和時に必要な措置実施に関する意見」。これは神田が一月にイラク、シリア、パレスチナ、エジプトを訪問し、イスラム指導者と会見した結果をまとめ、対ソ（および対英）戦略上イスラム諸国との通商関係を強化し、宣伝機関を設置し、満洲国との友好関係を促進するよう献策したもので、格別に機密情報を含んでいるものではない。イスラム教徒が親日的で、彼らにとって英ソいずれも大差ない支配者ゆえに日本の援助が道理に適っており、日本のアジア解放という最終目的に共感するであろうという期待が込められていた。

（富田『戦間期の日ソ関係』二八四～二八七）

## 中東鉄道をめぐる攻防

一九三二年三月一日に満洲国が成立すると、中東鉄道の帰属が問題になる。日本側はすでに同鉄道中ソ共同管理の一方を「満洲化」する工作を進めており、莫徳恵《ばくとくけい》理事長のモスクワ出張、長期不在に乗じて新政府は理事長代理の李《り》紹庚《しょうこう》を理事長（督弁）に任命した。李が三月六日に明らかにした「刷新計画」とは、①中国側理事以下の重要職員を「新国家人物」に入れ替えること、②運営には新国家の方針を反映させ、ソ連側の方針を刷新すること、③日ソ両国の「感情を融和」し、新国家の経済力発揚に努めること、④戦争に巻き込まれる事態は極力避けること、である。

三月二六日共産党政治局はトロヤノフスキー大使に指示を送り、数年間は戦争をしない条件で以下を提案してよいとした。①ソ連政府は、新満洲政府が中ソ間の、とくに中東鉄道にかかわる協定を侵害しないという保障を日本および新満洲政府から得られるならば、新満洲政府と旧満洲政府同様の関係を結ぶ用意がある。②中東鉄道は売却してもよく、日本が代金を合同満洲鉄道会社の株券、債券で支払うというのなら検討してもよい。③合意には、満洲のロシア人白衛派を日本が支援しない義務を入れるべきである。④漁業問題でも、受け入れ可能な提案であれば話しあう、などである。この提案は一九二四年の中ソ協定に違反するものであった。協定は、鉄道用地の中国への六〇年後の返還、鉄道の中国による買収権を規定して、第三者による買収は想定していなかったからである。

中国国民政府は満洲事変以来、抗日よりも「剿《そう》共」を優先して日本との全面対決を避けていたが、日本を牽制し、欧米から援助を引き出すために、また、ソ連に満洲国を承認されることを恐れて、この頃ソ連との国交回復を追求しはじめた。日本が九月一五日に満洲国承認に踏みきると、国民政府は即時対ソ復交交渉を決定した。しかし、九月一九日の時点では付された中東鉄道「北京・奉天協定遵守」の条件は外され、一〇月五日には無条件復交で交渉することになり、復交は一二月一二日に実現した。

翌一九三三年六月七日付ソ連政府の中国政府宛覚書草案は、こう説明している。「ソ連諸民族が勤労で得た資金によって建設され、ソ連の財産である」中東鉄道を正常に機能させることも、そこにおけるソ連の権利および利益を保障することもできなくなったから、北京・奉天協定の中国側権利・義務を事実上履行している満洲国政府に売却するという理屈である。

じつは日本側にも、満洲に建設中の諸鉄道が完成すれば中東鉄道はさほど重要ではなくなるし、現状でも赤字なので日本がどうしても入手しなければならない理由はない、買収はソ連を援助するものだという主張が陸軍の一部や右翼に根強かった。そこで、五月一七日カラハーンはユレーネフ（三月着任のトロヤノフスキー大使後任）に書簡を送り、売却交渉促進を指示した。この売却申し出は、日本側がわれわれの弱さの現れととらえ、ほかの問題（漁業やサハリン利権企業）に圧力をかける根拠にもなりうるが、日本支配層のなかの対ソ友好派（日露協会会頭＝斎藤首相）を助けることになるものだという。

こうして、六月二六日から中東鉄道（五月末に北満鉄道と改称）売却交渉が開始され、一年半余も続くことになる。交渉は六月二六日から八月四日にかけて六回開かれ、最初の二回は議事手続に、第四～六回は所有権問題に費やされた。価格評価は第三回会議で、ソ連から二億五〇〇〇万ルーブリ（六億二五〇〇万円）、満洲国から五〇〇〇万円と出され、開きは著しかった。ソ連側が交渉の席では、中東鉄道の経済的価値を強調したことはいうまでもない。第六回会合でソ連は二億ルーブリに引き下げ、以後は八月八日から九月二二日まで「中間会商」が五回重ねられたが、進展はなかった。九月下旬にはソ連政府が日本政府に対する声明を発し、ユレーネフ・広田会談が行われた。

九月四日菱刈隆駐満大使（関東軍司令官）は内田康哉外相に「北満鉄道買収交渉を容易にするために今後満洲国側が行う諸工作について」および「今後の対北満鉄道工作に関する日満関係者間協議について」なる至急極秘電報を送った。その工作とは、中東鉄道の運賃率、ルーブリ建ての国幣（満洲国通貨）建てへの変更、職員の均分（ロシア人と満洲人を同数に）、そのほか内部改革といった諸懸案に「いっそう強硬なる態度を執ること」、共産党や赤色労働組合を調査し、結果によってはその「全般的弾圧の方策を定め」、「北鉄実力接収の準備行為と目されるような措置をなすこと」などであった。

この弾圧は、中東鉄道車輛のソ連領引き込みの容疑に基づくソ連人職員六人の逮捕となって現実化した。ソ連共産党政治局は九月二七日の会議で逮捕問題を協議し、それが日本の特務機関による工作であり、東京交渉の中止を狙ったものと判断した。ハルビンや新京のソ連諜報機関から送られてきた菱刈電報の写しは、一〇月九日付『イズヴェスチヤ』などに「中東鉄道占領計画」として発表された。

中東鉄道売却交渉は中断し、日ソ関係が緊張すると欧米の新聞のなかには「日ソ戦争近し」の記事も現れた。じつは、ユレーネフは七月二五日付G・ソコーリニコフ外務人民委員代理宛報告で、交渉の進め方のほかに、「政財界との関係を最大限に利用、拡大すること」を提言した。また、ソ連側が中東鉄道売却代金の一部を商品で受けとってもよいとして、織物や米を挙げた点も注目される。

こうして中東鉄道売却問題は、ソ連にとっては五月一七日付カラハーンのユレーネフ宛書簡にあるように、日本支配層のなかの対ソ友好派を助けるという政治的位置づけであり、日本財界にとっては恐慌からの脱出と日ソ貿易不振の挽回のチャンスであった。そして満洲国にとっては、ソ連による承認という外交的狙いがあった。大田為吉駐ソ大使はすでに三三年四月二四日のカラハーンとの会談で、中東鉄道を売却すれば満洲国を承認したのと同然ではないかと迫っている。

一九三四年は、ヒトラーがレーム事件でナチ政権を固める一方、ソ連が前年末の対米国交に続き、九月に国際連盟に加入して国際的立場を強化した年である。対日関係は、日本の中国における大規模な軍事行動がなかったこと、荒木陸相が辞任して穏健派とみられる林銑十郎に代わったこと、広田が外相就任以来対ソ政策に慎重であることから、安定が期待され、事実そうなった。

二月下旬、逮捕された中東鉄道職員が釈放されると売却交渉が再開され、翌一九三五年三月二三日、中東鉄道のソ連による満洲国への売却協定が調印された。売却された中東鉄道の財産は、本線一七二六キロ、側線一五三七キロ、機関車四一七両、客車五二二両、貨車六二五八両、鉄道用および旅客用建造物、倉庫、住宅、事務所など一二〇万平方メートル、鉄道用地、鉄道工場、製材所、その他付属工場、電信電話および給水設備、発電所一六、森林、炭坑、学校、病院、図書館などである。

売却代金一億四〇〇〇万円は三年間に支払われ、うち約三分の一の四六七〇万円は現金払い、かつその約半額の二三三〇万円が即金払いとされた。残る九三三〇万円については、ソ連通商代表部が日本または満洲の商品を購入し、年三一一〇万円の範囲で三年間に引き渡しを受けることとされた。

この三年間にわたる、いわば「臨時輸出」が日ソ貿易を増進したかについては、一時的なものに終わったというべきであろう。より根本的には、満洲事変以降「日満経済ブロック」化が進行し、日ソ貿易の多少の増加も大勢に影響するものではなかった。

日満貿易は総額で一九三一年四億三一〇〇万円、一九三五年六億七四〇〇万円であるのに対し、日ソ貿易は総額でそれぞれ五一〇〇万円、四六〇〇万円にすぎなかったのである。

（富田『戦間期の日ソ関係』九二〜一〇三）

**［資料②ア］一九三三年九月から三五年七月までの活動報告**（ラムザーイ、一九三五年七月二八日）

〈前略〉

最初の数カ月は、島〔日本〕で画家として身を立てることだけに集中した。

一九三三年末にヴィスバーデン〔ウラジオストク〕や近隣諸国との無線通信連絡に成功した。

一九三四年には、次のような任務を自分に課した。⑴ヴィスバーデン、隣国との無線連絡の確立、⑵重要な情報をくれる個人および団体との個人的連絡の開始、⑶わが社のために働く外国人または、可能なら日本人の徴募。⑴の任務は、一九三四年中には解決された。

⑵の任務は、ドイツ人社会のなかでは充分に果された。（中略）とくに成功したのは、私の駐在武官、通商代表、大使との連絡である。彼らから口頭情報だけではなく、本物の資料、文書を受け取った。駐在武官とはごく親しくなり、自分の業務の一部をみせてくれ、自分の意見をまったく自由に語ってくれた。海軍武官やほかの館員も同様で、陸軍武官などは、私の手助けでベルリン宛電報を暗号化したほどである。在京ナチ党員からは、ファシスト・グループの内情に関する情報を得た。ファシストの商人や技術者は、私にあからさまに軍事的、経済的に関心がある納品、計画を語ってくれた。

私には、関心がある人物が三人いる。一人は荒木〔グループ〕で、親しい関係になれば情報を得られるチャンスが生まれる。あと二人は地方在住の通訳である〔氏名挙げず〕。（中略）

私は、日本の興味深い地区を訪問し、台湾や朝鮮にも出かけた。どの旅行でも鉄道、港湾、工場、軍隊を訪ねてはハガキで報告した。時には報告を同じレジデントのグスターフの資料で補足した。人々との接触はきわめて困難だった。会合に用いる私的な部屋が見つからず、いまの家と〔新聞社の〕支局は危険に晒されることなく、現地の人々との会合に使える。ここ数週間のうちに、三つ目の支局と郵便物および写真保管用の部屋をキープした。私の次の引

っ越しまでに使われないかもしれないし、賃貸部屋ではなくなっているかもしれない。（以下略）

**［資料②イ］エージェントの活動に関する本部への説明**（ラムザーイ、一九三五年八月三日）

一　ジョー（宮城与徳）：日本人、三〇歳くらい、画家。長年アメリカに暮らし、われわれの活動に引き入れられた。非常に献身的で、誠実な同志である。信頼できる。先頭に立つタイプではないが、指導が継続的であれば優れた活動家である。日本での人的関係は顕著ではないが、画家や知識人に知り合いが、また美学校関係の同窓、友人があり、一部のジャーナリストとも交わっている。今日まで、軍事に関しては半分官製の出版物から情報を提供してきた。

二　オットー（尾崎秀実）：日本人、三五歳くらい、新聞記者。政治的にきわめて優れ、賢く、しかも有能である。自分は中国で仕事柄知りあい、そこでチェックし、完全な信頼を培ってきた。各層に圧倒的に政治的な関係を築いてきたが、最近は、日本の新聞にも影響を与え、動かすような軍人とも一定の関係を築いてきた。外務省、広田弘毅のような人物とも良好な関係にある。

日本人との個人的付きあいは、新聞記者、ついで大使館通訳との間で生まれた。偶然知りあいになった者も一人、二人いるが、彼らは軍事的観点には興味がなかった。

三　スペシャリスト［篠塚虎雄、大阪の鉄工所経営者］：陸軍予備役将校（砲兵）で、演習の際には今年末にも動員される。軍事・技術問題研究の蓄積があり、青年将校らとも関係がよい。自分は彼の知識を利用しようと一九三五年に尾崎を介して、知識を深めるためにもこの問題について書いてくれるよう説得した。（以下略）

四　ローニン（川合貞吉）：尾崎と並ぶ古い友人に川合貞吉がいる。北支や満洲の「浪人」（定職のない人々）＝下層社会に出入りしていた。政治的には未熟だが、長年の間に染みついた冒険好きと左翼急進主義運動への同調が特徴だった。中国から帰って日本に落ち着きたかった。ジョーは、川合がジプシー的生活から得たもの、失ったものを検討した。日本では裏社会の反動的な運動も重要だからである。

（以下略）

もっとも重要なのは、駐日ドイツ大使館陸軍武官オットとの個人的に親密な関係である。独日関係と軍事協力の多数の出来事は彼から知った。彼がベルリンに送る資料を読ませてもらうことも、頻繁にあった。その代わりベルリンに送る電報を暗号化するのを助けた。

書記官ハーズ、通商代表にして書記官のメリヘールとも非常に近しくなった。ディルクセン大使とも良い関係で、時々は政治的情報を提供した。大使館にはしばしば招待され、一定の庇護も受けた。海軍武官とはいっそう近しくなった。オット武官を介して、ドイツ語を話す数人の日本軍将校と知りあいになった。とくに国民社会主義的な気分の強い航空将校の一団と知りあった。駐独海軍武官の坂西《ばんざい》〔一良〕大佐が思い浮かぶ。オット夫人は、武官の催す国際的夕食会で私を引き立ててくれた。

地方在住の国民社会主義者〔ナチ党員〕も情報源となってくれ、彼らの合法活動の意味も理解した。今日まで三、四人いて時折興味深い話をしてくれる。

（以下略）


**【資料②ウ】諜報部第七課長M・ポクラードクのゾルゲ評**（一九三五年八月五日）

私はラムザーイと何回か会ったが、あまり良い印象をもたなかったし、今日まで残り、消え去っていない。彼は衝動的、活動的で、おしゃべり好きである。同時に、打ち解けないところがあり、私には不誠実で、面従腹背的なところもみられる。ラムザーイの会話やジェスチャーは、見せかけで演技しているかのようである。落ち着きがなく、目を逸らすようであり、動揺と迷いが窺われる。これらは個人的印象であって、間違っているかもしれないが、彼に対して大きな不信を抱いている。正確で、具体的な事実を挙げよう。

(1) ラムザーイは日本の経済・政治情勢についてよく知らず、知っている部分は好事家的である。

(2) 日本でエージェントから集める情報は不十分であり、しかも、われわれが十分に知らない部門についてなにも役立たなかった。

(3) 外国の軍事・外交界との連絡は弱く、合法的資料でさえ、深い分析と日本にあって入手できる既存知識を欠いている。

(4) 時折現れる病的な自己愛と自惚《うぬぼれ》のため、他人の言うことに耳を傾けず、学んだとしても大部分は皮相的である。

結論

(1) ラムザーイは海外に派遣する前に、詳細かつ深刻な点検を受けるべきである。

(2) ラムザーイに真剣に準備させ、それなしには派遣しないことにする。

(3) 彼の活動範囲を制限する。

**［資料②エ］在日レジデントゥーラの任務**（一九三五年八月一三日）

Ⅰ　基本的任務

(1) 同志ラムザーイの基本的任務は、いまある関係、また将来の関係で得られる日本の軍事政策の情報をわれわれに不断に通報することである。

(2) ヴィスバーデンとの不断の間断なき連絡を確立すること。

(3) 日本の対ソ戦争準備の具体的方策に全関心を集中し、なによりも以下の問題に関する情報を入手しなくてはならない。
a　軍部隊と軍需品が大陸のどこに、どこから輸送されるか。
b　軍需の民間または国営企業の活動。
c　外国に対する軍需発注、どこへ、なにを、納期はいつまで。
d　動員の軍政的準備、治安・警察の措置、予備役と退役将校の召集。
e　軍事ファシスト団体の活動。
f　国内および軍部の政治的状態。
g　日本軍司令部の作戦準備、諜報・防諜機関。
h　エージェント徴募の実績。
(4)　日本の軍事と軍事経済、できれば軍事にかかわる政治の資料を入手すること、外国の公的代表部を介してもよい。
II　出張計画
III　連絡
われわれとの書簡往復のために、同志ラムザーイにモスクワの一住所を付与する。アメリカに出張する場合は、エヴァー〔イカール・アーノルド・アダモーヴィチ：在米非合法レジデント〕と連絡する。日本では、ヴィスバーデンとの連絡用の無線通信局を二カ所設置する。通信士としてベルンハルト〔ブルーノ・ヴィント〕の代わりに同志マックス〔クラウゼン〕を派遣する。ラムザーイ帰任一カ月後には到着する。予備通信士には中国人を充てる。
ラムザーイとのクーリエ連絡〔外交便による現金と指示書の引き渡し〕は上海から実施する。責任は上海レジデントゥーラの同志ラモーン〔炭鉱主を装った非合法諜報員〕が負う。（中略）
IV　合法化（中略）
V　活動方法
a　同志ラムザーイは、課された任務を遂行するために日本における個人的・職務上の関係を点検し、自分が関係を強めたいと思う人材を選り分けねばならない。なによりもドイツ人社会には、職業上・地位上問題解明に役立つと思われる人物を見いだすよう努めねばならない。国民社会主義団体との関係構築には、団体の性格を考慮するのみならず、ナチの団体なら存在する諜報装置に情報獲得のために潜入することを念頭に置かねばならない。

ドイツ大使館員との関係を強化し、完全な信頼を獲得し、彼らのもつ口頭情報や文書情報に接することができるようにすべきである。

オット武官は、情報利用工作の主要対象であり、相互関係をよくして純軍事的テーマの会話でさえも自然と思われるようにすべきである。大使館のなかで職務上ないし半ば職務上の協力を実現できれば、もっとも効果的であろう。

むろん、ドイツ人社会のみならず、ほかのヨーロッパ人との関係を拡大するよう努めることも必要である。接触範囲を広げるだけではなく、個人的関係を質的に選択し、われわれの任務の方に誘導するためである。同志ラムザーイはまずオランダ人に関心を向け、グスターフ〔東京から移籍した香港レジデント〕をイギリス人社会における関係構築に差し向けるべきである。イギリス人社会からの情報獲得は、きわめて深刻かつ重要な任務である。

b　日本人情報源との協力はいっそう進めるべきである。宮城と尾崎は、彼らが浸透するグループからの情報の伝声管である。わが任務から導かれる、きわめて具体的な問題に関心を集中すべきである。グループ・メンバーからの徴募は、われわれからの指示なしに行ってはならない。軍事・軍事経済問題の設問に答えられるなら、連絡網を拡大してもよいということである。彼らが見聞したことを提供してくれる可能性が拡大するからである。

同志ラムザーイは全活動を通じて、連絡網を拡大し、全知人のなかからわれわれに必要な情報を提供してくれる者とそうでない者とを選別しなくてはならない。こうした選別対象に集中しながら、同志ラムザーイはモスクワ本部に系統的に伝達するのに十分な資料を入手する。当面の情報、二〜三カ月に一回の総括的情報、三〜四カ月に一回の軍事・政治情報を中央に送付するのである。

# 3 ソ連の軍備強化・近代化

## ソ連軍の五カ年計画

ソ連の五カ年計画は工業、農業のような経済計画だけではない。すでに一九二〇年代から国防近代化は重大な課題であった。それは最初の総力戦たる第一次世界大戦を経験した、日本を含む各国中堅将校らが追求した課題でもあった。戦車、航空機、潜水艦、毒ガスなどの新兵器が登場し、塹壕を挟んだ攻防はもはや主役ではなくなり、戦争の戦略・作戦の検討もはじまったからである。

ソ連の軍制改革はL・トロツキー後任の陸海軍人民委員M・フルンゼのもとで進められた。それを支え、軍の機械化、作戦の検討を進めたのが、A・スヴェチーン（一八七八年生）、B・シャーポシニコフ（一八八二年生）、トゥハチェフスキー（一八九三年生）、V・トリアンダフィロフ（一八九四年生）だった。スヴェチーンは帝政ロシア軍の著名な戦略家であり（日露戦争も経験）、シャーポシニコフも、トゥハチェフスキーも若手将校だった。トゥハチェフスキーは、一九二〇年ポーランド戦争で西部方面軍を率い、ワルシャワ郊外にまで迫った有能な指揮官として知られている（それゆえ、遅れをとった南西方面軍司令官エゴーロフ、同政治委員スターリン、隷下騎兵第一軍司令官ブジョンヌイ、政治委員ウォロシーロフから妬まれた）。もっとも若いトリアンダフィロッフは一九二四年に赤軍参謀本部作戦部長、二八年には参謀次長に昇進したが、三一年に事故で死亡した。シャーポシニコフは一九二七年に『軍の頭脳』なる著作を出し、二八年には著作の名にふさわしく参謀総長に就任した（その後再任、再々任し、大戦終結直前に病死）。

トゥハチェフスキーは一九二六年に『現代戦略の諸問題』を著し、現代の戦争が経済的資源も人的資源も巨大な規模で動員することを指摘した。欧州戦域に対する関心が、ドイツへの「共感」（ヴェルサイユ条約の制約下で進めた独ソ軍事協力）と切り離せないこともたしかである（それがのちに粛清の口実となった）。同年に参謀総長に就任し、二七年五月には「赤軍建設の五カ年計画」を提出し、七月に革命軍事会議（陸海軍人民委員の主催する決定機関）で承認された。二八年にはウォロシーロフ人民委員（死去したフルンゼの後任）に、強力な空軍と機甲部隊の創設、歩兵と砲兵の装備刷新、新通信手段および渡河手段の開発の必要性を説いた。

一九二九年一〇月に開かれた革命軍事会議で、トゥハチェフスキーがI・ウボレーヴィチ、I・ヤキールの支持のもとに行った軍の自動車化（トラックの多用、自走砲の開発など）と機械化に関する提案は、内戦の経験に固執する「騎兵派」ブジョンヌイ、ウォロシーロフの激しい反対に遭った（自ら申し出て参謀総長を辞任、後任はシャーポシニコフ）。トゥハチェフスキーは三〇

## 表3　第2次五カ年計画期の軍備増強

国防予算　（単位100万ルーブル）

| | 1933年 | 1934年 | 1935年 | 1936年 | 1937年 | 5カ年計 |
|---|---|---|---|---|---|---|
| **兵器・装備** | 1896.3 | 2374 | 2872 | 3227 | 3466 | 13835.3 |
| 航空機 | 438.7 | 440 | 410 | 420 | 420 | 2128.7 |
| 走行車両 | 347.6 | 350 | 360 | 370 | 380 | 1807.6 |
| 火砲 | 527 | 660 | 850 | 1040 | 1140 | 4217.0 |
| 化学兵器 | 57.7 | 85 | 95 | 120 | 125 | 482.7 |
| 通信設備 | 70 | 75 | 82 | 90 | 103 | 420.0 |
| 技術装備 | 54.4 | 64 | 75 | 87 | 98 | 378.4 |
| 海軍 | 400.9 | 700 | 1000 | 1100 | 1200 | 4400.9 |
| **建設** | 582 | 500 | 460 | 420 | 420 | 2382.0 |
| **消費・賃金** | 2228.5 | 2370 | 2525 | 2665 | 2815 | 12603.5 |
| **国防予算計** | 4706.8 | 5244 | 5857 | 6312 | 6701 | 28820.8 |

※ Samuelson, 178

兵器調達（数）

| | 1933年 | 1934年 | 1935年 | 1936年 | 1937年（計画） |
|---|---|---|---|---|---|
| 火砲 | 1797 | 5164 | 4895 | 6923 | 7073 |
| ライフル銃 | 241000 | 319600 | 220603 | 442558 | 553182 |
| 機関銃 | 32700 | 29500 | 29789 | 34496 | 39135 |
| 戦車・自走砲 | 3640 | 3440 | 3061 | 3989 | 2154 |
| 砲弾（1000発） | 2135 | 1991 | 2389 | 5675 | 8382 |
| ライフル銃弾（100万発） | 225 | 259 | 450 | 800 | 1704 |
| 爆弾（1000個） | 284 | 216 | 200 | 600 | 1704 |
| 航空機 | 3493 | 3655 | 1516 | 3154 | 7388 |
| 同エンジン | 5785 | 7600 | 5658 | 5350 | 15675 |

※ Samuelson, 182

年一月に再度提案し、メモにはこう記した。「戦車一五〇個師団を前線四五〇キロ、縦深一〇〇〜二〇〇キロに同時に展開する会戦」により、しかも大空挺部隊を敵の後方に降下させれば、敵を完全に殲滅できると。縦深作戦（glubokaia operatsiia: Deep operation）の骨格をなす考え方である。

一九三〇〜三二年は世界恐慌がボトムに向かう時期、ソ連の農業集団化が失敗し、飢饉を迎えつつある時期だった。スターリンにとっては、トゥハチェフスキー主導の国防五カ年計画さえ過大に思えた。側近のウォロシーロフには「国の経済と軍を滅ぼすことになる。これまでのどの反革命よりも悪い結果になる」とまで、三〇年三月二三日付手紙で記した。

(RGVA, F.74, Op.2, D.38, L.58)

ところが、二年後の三二年五月七日のスターリンのトゥハチェフスキー宛（写しウォロシーロフ宛）手紙は、トーンが著しく変化した。「二年経って不明の諸問題が明らかになり、かつての私の評価が厳しすぎ、結論はかならずしも正しくないと判明した。最近の軍の変化――輸送技術と航空機の発達、機械化部隊の登場、それに応じた編成の変化――により、師団数ではなく、どれだけ技術的に装備されているかが問われるまったく新しい状況が生まれた。よく装備され、組織された軍隊なら六〇〇万でも十分ではないかと思われる。私の同志ウォロシーロフ宛手紙のトーンがきつくなく、貴兄も若干の正しくない見解から離れ、私も議論のベースを変えればよかったのかもしれない。どうか私を悪しざまにいわないでほしい、遅れはしたものの自分の誤りを正したのだから」と。

※一九三三年初めの時点で各国の兵員数は日本一一八万、ポーランド一七七万等々。

(RGVA, F.74, Op.2, D.38, L.5-57)

スターリンの弁明は、一九三〇年の場合、工業化は進行中としても、農業集団化は開始したばかりで、兵士の多数を供給する農村の不満が高まり、一部では武装抵抗もあった（報道なし）ことを反映している。二年後になると、工業化は計画を超過達成する部門も少なからずあった（製品の質には欠陥）。集団化と穀物調達に対する抵抗がなお続いたものの、なんとか抑え込みつつあった。大恐慌に苦しむ資本主義諸国が市場強奪の帝国主義戦争に訴えることを恐れながら「社会主義の優位」を内外に宣伝し、同時に軍備を増強する状況だと判断したのだろう。三二年の「満洲国」成立が大きな契機だったに相違ない。

レニングラード軍管区司令官に転出したトゥハチェフスキーは、S・キーロフ（スターリンに次ぐ共産党書記）、G・オルジョニキッゼ（重工業人民委員）らの支持を得ていち早く戦車師団を編成し、空挺部隊の実験、攻撃機の開発も進めていた。スターリンもこの実績を見てただちにトゥハチェフスキーを中央に呼び戻し、早くも三一年六月には陸海軍人民委員（ヴォロシーロフ）代理に就けた。トゥハチェフスキーは、一九三三年一月ヒトラー政権が成立するや、ドイツが戦争の新たな策源と判断した。一九三五年三月一六日ドイツが再軍備宣言を発すると、『プラウダ』四月一日に論文「現在のドイツの軍事計画」を発表した。ドイツ軍の増強、強力な空軍の建設などを挙げ、それが反ソ的であるのみならず、反西欧的でもあると警告した。

**［資料③ア］トゥハチェフスキーの戦車生産促進意見**（一九三四年六月二八日）

ちょうどウファ・モーター工場建設第一期が終わり、四〇〜一七五馬力の自動車・トラクター用各種エンジンを生産する。ディーゼル分工場では、計画では年間一万台のモーターを生産する。モーターのセット生産を可能にするディーゼル分工場と付属分工場もほとんど完成された。

目下の課題は設備の補充である。これを達成すれば、一九三五年中にはモーター生産を開始できる。工場への設備補充は幾度か重工業人民委員部の部局に持ち込まれたが、結果は芳しくなかった。自動車・トラクター用モーター作成の経験しかなかったからである。ウファ・モーター工場は、最新の戦車エンジン製造の基地として重要である。

現時点では偵察用戦車T−37を、ディーゼル・エンジンに移行することが適切である。同エンジンは現在モスクワでトラックに使われているが、T−37にこそふさわしい。パーキンス〔イギリスのエンジンメーカー〕の五〇馬力高速エンジンは、フォードのそれより一〇〇キログラム重いが、出力が大きいため戦術的には有効だろう。

ウファ工場は、このエンジンを一九三五年に五〇〇台生産できるだろうが、連邦規格で一一〇台生産するだけでも、輸入工作機械四五台（三〇万ルーブリ）を必要とする。ウファ工場の生産準備の件は国防小委員会で聴取していただきたい。

※引用者注：国防小委員会は、政治局付属で三〇年三月に設立、当時のメンバーはスターリン、ウォロシーロフ、V・クイブィシェフ〔最高国民経済会議議長〕、A・ルィコーフ〔人民委員会議議長＝首相〕。

**［資料③イ］トゥハチェフスキーの高速爆撃機追加注文**（一九三五年二月三日）

貴方〔スターリン〕の命令に従い、同志エゴーロフ〔参謀総長〕、同志アルクスニス〔航空総監〕による高速爆撃機の追加注文に関する共通判断を送付する。

これらは軍備充実の具体的要求だが、一九三五年二月二三日＝赤軍創立一七年記念日の論文「赤軍編成の諸問題」にみられるように、欧州強国による機甲部隊と空軍の充実にも注目していた。トゥハチェフスキーは第一次世界大戦後の各国における軍事技術の発展に触れ、ド・ゴール（仏）、J・ドゥーエ（伊）、J・フラー（英）、フォン・ゼークト（独）の貢献に言及しながら、独立した空軍の意義を説き、航空機の高度、速度、装備が重要だと指摘している。また、ド・ゴール構想――重戦車旅団、重砲旅団、偵察・戦闘航空機連隊などを含む師団六個をもって一個軍とする機甲軍への転換――を、フランス軍事思想の革新として紹介している。

（富田「戦間期のロシア内戦像」三九～五八）

ソ連では、守旧派のウォロシーロフが第一七回党大会（一九三四年一～二月）で、農業でも軍でも馬を機械（トラクターなど）に性急に代える「有害な理論」を一掃すべきだと主張していたが、一九三五年九月の演習（I・ヤキール指揮）を視察して、トゥハチェフスキー改革を容認せざるをえなくなった。

**［資料③ウ］ウォロシーロフ、赤軍機甲化認めながら騎兵師団擁護**（一九三五年九月一六日）

……部隊も指揮官も昨年に比べて著しく成長した。もっとも成長したのは航空部隊と機械化部隊である。これほど機動的で攻撃力があることを目の当たりにしたのは、今回演習が初めてである。指揮官も将兵も航空機、戦車に慣れ、戦術的にも作戦的にも使いこなせるようになりつつある。昨年までは悪しざまにいっていた通信部門も大きく改善され、機動戦に対応するものとなった。大きく立ち遅れているのが騎兵部隊である。各騎兵師団麾下の機械化連隊は師団の戦闘力を高めたが、騎兵部隊の強敵は爆撃機や攻撃機であり、その対策が急がれる。

※引用者注：騎兵部隊に高射砲が必要であり、騎兵師団に航空部隊を編入すべきだという主張がいかにも「騎兵閥」らしいが、どうやら「縦深作戦」とそれに応じた軍編制を理解していなかったようである。

## 独ソ軍事協力の結実

一九二二年、イタリア・ラパッロの国際会議に参加したドイツとソ連は「ヴェルサイユ条約の鬼っ子」同士で別個に会談し、経済協力条約を結んだが、同時に秘密軍事協力も結んだ。その内容は長らく断片的にしか知られていなかったが、資料集『モスクワ―ベルリン　クレムリンの政治・外交　一九二〇―一九四一年』（全三巻、露語、二〇一一年）が公刊されて、基本的な内容は判明した。また『軍事史雑誌』に、ロシア国立軍事公文書館に所蔵されていた軍事協力のドイツ側担当者の文書が紹介されて、実態が多少は理解できるようになった。

しかし、交渉過程の記録文書をみると、ドイツのソ連における兵器生産が緊急課題であったことは、フランス、ベルギーにより賠償金（代替としての石炭）確保のためルール地方を占領されていた危機感に根ざしていた。ヴェルサイユ条約で陸軍を一〇万人に制限されていただけに、ポーランドとチェコスロヴァキアによる侵攻も恐れ、ソヴィエト・ロシアと協力して戦う軍事同盟さえ希望していたのである。

軍事協力の内容は、敗戦国とはいえ、潜在的に高い工業力と技術水準をもつドイツが自国での生産ができないため、ソ連には、クルップ、ユンカースその他の軍需企業の施設と技術者を置いて注文生産し、原材料その他と製品は、ドイツ政府が保証するクレディットで企業が購入するというしくみである。火砲はさまざまな口径のものを年三〇〇〜四〇〇門、軽機関銃八〇〇挺、重機関銃五〇〇挺、対戦車砲および高射砲三五〇門、小銃五万挺、火砲砲弾一〇〇〜一五〇万発、報告本文にはないが、別表に航空機三三二機、戦車各種七三両もみえる。ソ連から供給されるのは石油くらいである。(*Moskva-Berlin*, Vol.1, 110-136)

この独ソ軍事協力をドイツ側で担当したのが、H・ハルム大佐で、第一次世界大戦に参加し、ドイツ軍参謀本部に一九一〇〜一九年に勤務した。ソ連を一九二六、二七年、一九〜三〇年と足繁く訪問した。モスクワには常設のセンターがあり、ドイツ軍将校用の学校、新兵器の実験場などが設けられ、ドイツ軍将校は自由に出入りできた。ハルムは赤軍部隊（師団級、複数）の演習を視察し、指揮官の能力にばらつきはあるものの、総じて高いと評価した。彼らは若く、師団長は三四~四二歳、連隊長は三〇~三八歳だと記している。全体として技術的装備は貧弱なので、この技術協力にも期待している。

一九二八年七月にはドイツ軍の演習に赤軍指揮官が参加した。ハルムは二九年一〇月に三週間の講習を行い、R・エイデマン、スヴェチーンなど優秀な聴講者などを見いだした。三〇~三三年には赤軍軍事アカデミーで、F・パウルス少佐（のちスターリングラードで第六軍司令官）、K・ブレネッケ少佐、G・ラインハルト少佐（のちアルデンヌ突破で第四一軍団を指揮）が軍事史を、W・カイテル中佐（のち国防軍統合司令部長官）、W・モーデル少佐（のちクールスクで第九軍司令官）が戦術的準備を講義した。

(VIZh, 2017, No.12, 33)

資料集に戻って注目すべき文書を挙げると、

①一九二八年二月二八日付ウォロシーロフのスターリン宛メモ：国防軍ロシア担当ハイエ将軍側近ミッテルベルガー大佐の訪ソ、一九二八年の独ソ両国の軍務、演習への相互参加を次の政治局会議で検討してほしい。大佐はリペック、カザンのドイツ施設、一部の赤軍教育学校を視察する。赤軍幹部の同志ウボレーヴィチ、エイデマン、E・アッポガをドイツに研修派遣する話は検討中。ちなみに、昨年のドイツ演習には指揮官一一名を出張させたが、意義深い結果を得た（七月二日の組織局決定でウボレーヴィチ以下八名の出張者が示された）。

②一九三二年一一月四日付政治局決定：わが国の工場の設計・建設に応じて外国の技術支援

を受ける。大型および中型高速潜水艦（一〇〇〇～一二〇〇排水トン、六〇〇～七〇〇排水トン）、駆逐艦（三〇〇〇排水トン）、中型巡洋艦（五〇〇〇～六〇〇〇排水トン）を建造する。JVS社と交渉して、潜水艦の設計・建造に関する技術供与の具体的条件の説明を受けるため、陸海軍人民委員部から三名、重工業人民委員部から一名を至急出張させる。

このように、独ソ軍事協力は少なくとも一九三二年末（ヒトラー政権樹立直前）まで、ソ連からドイツ企業に発注されており、クレディット年限までは取引が続いたこと、トゥハチェフスキーがこの年にドイツを訪問したことに注意すべきであろう。（*Moskva-Berlin*, Vol.1, 183-184, 712-713）

## ソヴィエト愛国主義の醸成

ソ連は、一九三二～三三年に欧州部、カザフスタンで、農業集団化と穀物調達の失敗から大飢饉に見舞われ、数百万の餓死者を生んだ。農村からの逃亡、都市における孤児出現と犯罪の横行、社会不安の増大とカオスの危険は、もはやイデオロギーの説教では対処できず、「家族」「祖国」シンボルによる統合に訴えるほかなくなった。変化の嚆矢は、一九三四年七月六日『イズヴェスチヤ』紙上のK・ラデック論文「わが祖国」である。折しも、一九三四年が内戦・干渉戦争一五周年だった点にことよせて、この戦争は世界革命をめざした戦争ではなく、祖国ロシアを守る戦争だったと読みかえたのである。

じつは、内戦・干渉戦争史の書きかえは、一九二九年一二月二一日のスターリン生誕五〇年を記念するウォロシーロフ論文「スターリンと赤軍」にはじまった。論文は、内戦当時の陸海軍人民委員Ｌ・トロツキーが各戦線の失敗ないし不首尾にすべて責任がある（スターリンはＶ・レーニンを補佐してカバーした）かのように、史実を歪曲したものである。ポーランド戦線については、トゥハチェフスキー率いる西部方面軍は、急遽ポーランド軍救援に駆けつけたフランス軍に敗れたのであって（ポーランド側の表現では「ワルシャワの奇跡」）、南西方面軍（エゴーロフ、スターリン）の進撃が立ち遅れたことはあっても、ブジョンヌィ率いる第一騎兵軍のリヴォフ攻撃失敗は、ワルシャワ攻撃失敗とは関係ない。一九三四年のキャンペーンは、こうしたスターリン・ウォロシーロフ礼賛を総括的に行い、悪いことに赤軍機械化路線とは逆向きの騎兵賛美論を維持する結果になったのである。

「家族」キャンペーンは、一九三六年五〜六月に「全人民討議」に付され、採択された「中絶禁止、産婦への物質的援助の拡大、多子家族への国家的扶助の制定、産院・託児所・幼稚園の拡充、養育費不払いに対する刑事罰強化、離婚法制の一部改正」である。言論統制下の「全人民討議」は、それでも「少数意見」を新聞紙上で公開するものだった。拙著『スターリニズムの統治構造』に紹介してある。

大飢饉期の家族のカニバリズム（人肉食）は生き残りの証言でしかわからないが、総じて社会の無秩序化と犯罪の横行は「社会主義国家」の恥であり、言論統制の強化はむろん、応急に都市封鎖（国内旅券制施行）などの措置が講じられた。さらに「社会主義のメリット」を国民に納得させるため、革命・内戦期の混乱、そして工業化と農業集団化の嵐のなかで置き去りにされていた社会保障（社会的扶助）の初歩的措置が「家族の保護」として、ようやく実施されたのである。これは革命・内戦期の、女性の家父長制からの解放、離婚の自由や中絶の自由とは逆行するものだが、「家族」という社会の最小単位を安定させ、工業化に「共働き」で集中してもらい（男性は飲んだくれで、仕事に出ない者も少なくなかった）、ひいては将来の戦争に備えて人口を増やしておくという政策的意図に基づくものといえる。

実際には当局の思惑どおりにいかないもので、一九三六年夏からは二年余りは社会を大テロルが震撼させ、四一年夏独ソ開戦までの短い期間だけが小康状態だったのである。

（富田『スターリニズムの統治構造』五七～五九）

2
章

# ヒトラー政権と日独協力の実現

ゾルゲが本格的に活動する1935年から
大戦前夜にかけての欧州情勢

日独防共協定の調印を祝い大阪で開かれた祝賀会(1936年11月25日。朝日新聞社提供)

# 1 集団安保外交と人民戦線

## リトヴィーノフと仏ソ提携

「集団安全保障外交」とは、国際連盟（軍事的制裁なし）とロカルノ条約（一九二五年。英仏独伊とベルギーの五カ国条約が中心、ラインラント非武装を再確認）だけでは不安な欧州諸国が、各国と個別に不可侵条約を結び、条約網を拡大しようとしたことを指す。

最初は、ソヴィエト政権の脅威に対してフランスがチェコスロヴァキア、ポーランド、ルーマニアと結んで後ろ盾になろうとした「小協商」であろう。「ヴェルサイユ条約の鬼っ子」のドイツ、ソ連がラパッロ条約（経済協力）と中立条約を結んだことも含めてよい。ちなみに、不可侵条約は、締約国が互いに相手国を侵略しない約束、中立条約は、一方が第三国から攻撃された場合、それに与せず「中立」を守る約束、相互援助条約は、締約国が第三国から侵略されたら、その締約国を援助する約束である。断交状態にあった諸国と国交を回復すること（革命を挟んで断交していた二五年の日ソ国交、満洲事変後の三二年中ソ国交、三三年の米ソ国交）も、広義の「安全保障外交」である。

さて、ソ連で二〇年代に外務人民委員を務めたG・チチェーリンの病後後任は、M・リトヴィーノフである。イギリス生活を経て欧州外交界に広い人脈をもつ彼は、前任者が中国、アジア方面に強かったのと対照的である。リトヴィーノフが最初に行った外交行動は、一九三三年二月の軍縮（正しくは軍備制限）総会への「侵略の定義」に関する提案だった。どの国も戦争をはじめるのに「自衛」と主張したからで、なにが「侵略」にあたるのかを定義しなければ、これへの対応措置や制裁を取れないからである。彼は「侵略」を、①他国への宣戦布告、②軍隊が他国の領土に入ること、③陸海空軍が他国の領土を攻撃することなど、五項目を挙げたが、賛成したのはトルコだけだった。

アメリカとは、「孤立主義外交」の伝統、それを外交の原則とする共和党政権がW・ウィルソン大統領辞任後一二年も続いたが、満洲事変後の日本の中国侵略拡大を警戒して、F・ローズヴェルト大統領は就任一期目に国交を結んだ（三三年一一月）。大恐慌からの脱出という経済的動機も働いたに相違ない。その直後に共産党政治局会議は、国際連盟加盟を決定した。「英仏帝国主義の道具」と非難してきた連盟に、日独脱退後に加盟して（三四年九月）、ほかの条約網とともに自国と欧州の安全保障に役立てようとしたのである。

欧州の安全保障網構築の最後の試みが「東方ロカルノ構想」だった。一九三四年一月に「小協商」で結ばれていたはずのポーランドがドイツと不可侵条約を結んだことに驚いたフランスのL・バルトゥ外相が、ソ連（不可侵条約を三二年に締結済み）を含む三国間の条約を思いつき、ポーランドの対ソ警戒を念頭に、ソ独波、チェコスロヴァキア、バルト三国、フィンランドも加えた相互援助条約を構想した。リトヴィーノフも好意的だったが、「東方ロカルノ構想」が連盟の枠組みの中とされたことが、ドイツ脱退の後だけにネックになって構想倒れに終わった。

一九三五年三月ドイツは「再軍備」を宣言した。ヴェルサイユ条約には縛られず、一般兵役義務制を導入し、陸軍を一〇万人の制限を超えて三九年までに三六個師団とすること（平時編成だと一個師団約一万と見て三六万人）、空軍をすでに保有していること（独ソ秘密軍事協力により航空機をソ連で製造、試験飛行、訓練）を明らかにしたのである。三五年五月に仏ソ不可侵条約は相互援助条約に格上げされた。（斎藤『リトヴィーノフ』八一〜一一二）

## コミンテルンと人民戦線

一九三五年八月のコミンテルン第七回大会は、二八年七〜九月の第六回大会の路線「世界革命の第三期の攻勢」から大きく転換し、ドイツおよび日本のファシズムと闘い、反ファシズム人民戦線の実現を目標とした。一九三二年アムステルダムでは、ロマン・ロラン、ルイ・アラゴンら文化人が呼びかけて国際集会が開かれ、戦争とファシズムに対する闘いを訴えた。ドイツでは大恐慌下で共産党が勢力を拡大したが、それ以上にナチ党（国民社会主義ドイツ労働者党）

が拡大し、共産党は「社会民主主義主要打撃論」（社民はファシズムの「左の手」なので、まず打倒するというコミンテルンの戦術）を掲げて社民党と対立を続け、ファシズムに対する共闘ができずに、ナチの政権奪取を許す結果になった（一九三三年一月）。

その反省から、労働者階級のみならず農民、都市中間層を「反ファシズム」の一点で結集し、共産党は社会（民主）党、急進党などと選挙協定を結び、人民戦線政府を樹立しようとする運動が生まれた。したがって、それは社会主義革命を直接にめざすものではなく、独占資本の支配を制限し、多くの国では未完の土地革命を実現し、広く中間層（農民と商工業者）の利益を確保し社会的亀裂を埋め、市民的権利を実現しようとするものであった。スペインのような地主とカトリック教会が強い国では、土地改革と政教分離および信仰の自由が重要な課題だった。フランスのような土地革命を済ませた工業国では、独占・金融資本の制限、労働者の権利拡充が切迫した課題だった。

さて、最初に人民戦線政府が樹立されたのはスペインだった。この国は一九三一年に第二革命（第二共和制の樹立）を成しとげたが、社会的・民族的亀裂が大きく、議会でも政党が数多く、その離合集散で連立政権が成立したが、不安定だった。鉱工業地域では労働組合が強く、社会党系のUGT（労働総同盟）に加えて、アナーキスト系のCNT（労働全国連合）が他国ではみられないほどの勢力を有していた。一九三四年一〇月にアストゥリアスの鉱山労働者は大規模なストライキを展開し、カタルニアでは自治政府が反乱を起こし、これらは厳しく弾圧されたものの、左右対立は深まっていった。

こうして一九三六年二月の総選挙は、左翼急進派（共産党一七、社会党左派四九、その他二）六八、左翼穏健派（社会党右派五〇、左翼共和党八七、カタルニア左派三六、その他三六）二一二、合計二八〇で総議席四六三の過半数を占め、政権の座についた。首相は左翼共和党のM・アサーニャであり（まもなく大統領）、左翼に対する恐れを考慮して、社共両党は閣外協力の立場をとった。六月のフランスと同じく社共・急進派の連立政権だが、フランスの方が社会党主導だけにコミンテルン想定（期待）の人民戦線政府に近いものとなった。

スペイン人民戦線政府は土地改革に着手したが、南部や西部の農民はそれを待たずに地主地を占拠しはじめた。一九一七年三月以降のロシア農村と同様である。社会党左派のなかには「ロシア革命の再現」を夢想する者も生まれ、党首で三代目の首相となったL・カバリェロが自他共に「スペインのレーニン」と呼ばれた。社会的亀裂の深さと、つい二年前の苛酷な弾圧経験により、労働者・農民は急進的な行動に走りがちだった。地主勢力や、宗教活動に対する妨害・干渉を受けた教会には不満が鬱積しつつあった。軍人たちは反乱の機会を窺っていたが、首領となりそうなE・モラやF・フランコは政府によって左遷された。しかし、七月一八日に反乱軍が決起した。スペイン内戦のはじまりである（以下は別項）。

ちなみに、フランスのL・ブルムを首相とする人民戦線政府は、週四〇時間労働日や夏季休暇（バカンス）など一定の改革を実現できたが、「不干渉」政策により同じ人民戦線政府を見殺しにした。外交ではイギリス保守党政府に引きずられ、国内では急進党出身の首相がこれに応じて「対独宥和」の道を歩むことになった。（斉藤『ヨーロッパの一九三〇年代』九一〜一三六）

## 二・二六事件――ゾルゲの評論

一九三六年三月ドイツはラインラントに進駐したが、その直前に日本では二・二六事件が起こって、世界を驚かせた。二月二七日『イズヴェスチヤ』は一面に斎藤実、岡田啓介、高橋是清の写真付きの速報を、二面にK・ラデックの論評を掲載した。速報は、事件が陸軍青年将校グループによる政府首脳らへの襲撃であり、岡田首相、斎藤内大臣、高橋蔵相、渡辺錠太郎教育総監らを殺害しようとしたこと（岡田は難を逃れた）、グループの目的が天皇側近の「国策を誤らせた」腐敗分子の除去にあったことを伝えた。

国際評論員ラデックはもう少し分析的で、グループが政権奪取を目的とせず、「高橋・西園寺グループ」の有力代表者を排除するねらいだったととらえる。日本支配層は、国が陥っている危機から脱出するためにアジア侵略を強化する戦略では一致していても、その実現のテンポをめぐって分裂している。高橋、西園寺（公望）に代表される穏健派と、荒木（貞夫）、眞崎（甚三郎）、小磯（国昭）に代表される急進派である、と。

この論評は、荒木の犬養内閣陸相就任以来「軍部ファシスト運動」に注目してきたソ連としては当然である。

一九三三年にはO・ターニン／E・ヨハン共著『日本における軍部ファシスト運動』（露語）が出版された。それは、日本の雑誌や新聞、日本で発行されていた英字新聞などを駆使した分析で、著者自身も日本語に堪能だったと推測される。内容的には、日本の右翼・国家主義運動を内田良平、頭山満、平沼騏一郎《きいちろう》、北一輝、大川周明、西田税《みつぎ》、権藤成卿《せいきょう》、井上日召《にっしょう》らの思想家や政治家に即し、また政党や軍部の内部グループ、赤松克麿の「社会ファシズム」や在郷軍人会に注目して評価したものである。当時のソ連による日本分析としては出色の出来であり、スターリンも推奨していた。ただし、日本における軍部ファシスト運動と題しながら、右の思想家の率いる団体を「反動的排外主義団体」と規定し、ドイツおよびイタリアのファシズムとは違うことを強調している。独伊のファシズムが「金融資本の道具」であるのに対し、日本の反動的排外主義団体は、金融資本および天皇制の道具だという説明である。

外交レベルでは、外務人民委員代理B・ストモニャコーフが三月二八日駐日大使K・ユレーネフに、二・二六事件と事件後に組閣した広田新内閣に対する評価を示した。①二月事件で、軍部の内外政策に対する影響力が強化された。「無原則な出世主義者」広田は、軍部ファシストと宮廷＝財界グループとのバランスをとった過渡期の首相である。②広田内閣は近い将来、ソ連、英米に対する挑戦的な政策はとらない。積極政策は、抵抗の少ない中国で追求するであろう。③対ソ政策は今後もジグザグするだろうが、中国でいっそう侵略的になるために日ソ関係の緊張を緩和すること、具体的には国境問題で譲歩することはありうる。④ソ蒙相互援助条約（三月一二日締結）により、日本は対ソ戦争の覚悟なくしてモンゴル人民共和国を侵略できなくなった。⑤日独接近が進行中なので、このことを穏健派政治家に断言されたい。広田が議会演説で言及しないのは、日独接近と戦争の危険が人々に不人気だからである。

より鋭い分析が、『イズヴェスチヤ』四月一五日「外国紙評論」欄に転載されたドイツ紙『ベルリーナー・ベルゼンツァイトゥンク』東京特派員記事である。二・二六事件で高橋が主敵とされたのは、軍事予算を削減したばかりか、青年将校らが主張する農村救済策を顧みず独占資本に有利な政策をとったからである。事件によって、日本は満洲事変以来の「議会主義から軍部独裁国家への道」を完了した。広田内閣では、寺内（寿一）陸相を送り込んだ軍部が実権を握っている。

この記事の筆者こそ駐日ドイツ大使館に深く食い込み、諜報団を動かしていたゾルゲにほかならない。引用文が『地政学雑誌』（ドイツ語）五月号に掲載された「東京における軍隊の反乱」（R・S署名、三月の日付）と合致するからである。『イズヴェスチヤ』国際評論員のラデックは、筆者がゾルゲと承知して引用したという確証こそないが、ゾルゲにそう思わせたので、東京の当人は当惑して抗議したという。

（富田『戦間期の日ソ関係』一一〇〜一一二・三〇〇〜三〇五）

### 【資料④】ゾルゲ「東京における軍隊の反乱」（『地政学雑誌』一九三六年五月　抜粋）

1　二・二六事件の目撃者の証言（割愛）

2　二・二六事件の意義

　日本近代史上、日本陸軍現役部隊により要路にある政治家の全グループと、同時にまた要職にある若干の軍人に対し、こういう暗殺計画が企てられたということはまったく前例のないことである。同時に、東京の政府所在地域を三日にわたって占拠した軍隊の蜂起も前例がない。とくに最近しばしば誤って引用される一八七七年の明治維新政府に対する西郷〔隆盛〕の反乱は、根本的にこれと異なったものである。それは明治天皇の治下でなされた、封建主義と破滅に運命づけられた武士《さむらい》陸軍の最後の痙攣であった。今度のそれは近代陸軍の現役部隊が、天皇親政の強化と国民革命的な意味の経済社会生活の再組織というスローガンのもとに蜂起したのである。

　日本ではほかの多くの近代国家に比して、しばしば政治的暗殺が行われることは事実である。最近六年間だけで六人の指導的な政治家や軍人が暗殺された。計画はされたが実行を阻まれた要人暗殺計画は、これよりもはるかに多数に上っている。また軍部関係のもので、その計画に直接間接に参加した者はいつもより非常に多数である。一九三二年の犬養首相の暗殺には将校たちが関係していた。そのうえ政治的暗殺には、日本人には一般に英雄的な、尊敬を起こさせるなにものかをもっており、めったに厳罰をもって臨まれることはない。たいてい、一般民衆が法廷に多くの投書を寄せて暗殺行為に対する同情を示し、犯人は数年の刑務所行きでも満期服役することはない。これは犬養首相暗殺後にとくに明らかにされた二つの事実である。しかしこの情状酌量の契機さえも、今回の日本人自身に対する暗殺が与えた深刻な影響と、また二・二六事件の非常に大きい意味とを軽減することはできない。

　というのは、最近六年間に政治的理由で暗殺された非常に多数の優れた人物の重要性がたとえどんなに大きくとも、その暗殺目的は、ある事件または状態に関し個人的な責任を問われた個々の優秀な人物の除去であった。昨年〔一九三五年〕の夏、当時の林〔銑十郎〕陸相の右腕といわれた永田将軍〔鉄山少将、軍務局長〕が、現役陸軍中佐相沢某に殺害された非常にセンセーショナルな事件も、過激な少壮将校たちの指導者眞崎将軍〔大将、前参謀次長〕解任の首謀者と誤認された人物に対する個人的テロの性格を有している。これに反して、今回のテロ行為は犠牲者がこれまでにない広範囲から選ばれている面からも、また暗殺とその後の反乱に関係した軍人の数からも、まったく新しい異常な意義を有している。日本の文官内閣は一挙にして葬られ、同時に日本特有の「元老」制〔天皇に次期首相を推挙する政界の重鎮〕も崩れ去ることとなった。

今回、暗殺計画者の激情を煽り立てたのは個々の人間ではなく、ある制度、政治的経済的原理の代表者であったことが、以前に比べて明瞭に現れている。この制度と原理をして新しいそれに席を譲らせるため、これに打撃を与え壊滅させなければならないというわけである。反徒の現内閣に対する攻撃が高橋蔵相に集中したのもけっして偶然ではない。失敗に帰した岡田首相の暗殺は原理的には重要性が少ない。高橋はいろいろの政府で一〇回も指導的な役割を演じ、日本の内閣制度の典型的な代表者であった。彼は議会主義の発達と早くから密接な関係をもつと同時に、反徒からとくに憎悪されている政党政治の代表者でもあった。そのうえ、彼は日本における財政の近代的頭脳、もっとも明晰な最高代表者でもあった。彼は反徒の間では日本金融資本のシンボルと目され、その法令の下に国軍の要求や農民の社会的欲求が阻止されていると信じられていた。

しかし、日本歴代の政府はけっして日本の国家的政治機構の唯一の決定的政治力ではなかった。内閣はいままでいつも、常に背後にあってこれを左右する元老たち、すなわち側近にいて天皇に信任の厚い少数の顧問によって作られたり、廃せられたりしていた。換言すると、今日成文律によって国法上の根拠を与えられていない団体、すなわち元老たちのただ一人の生き残りである西園寺公爵によって内閣は存廃を左右されていたのである。新日本の建設者明治天皇のもっとも緊密な協力者たちの間から出た西園寺公は、ほかのすでに他界した「元老」たちとともに日本の政治権力の真の中枢となっていた。古典的な形式でこの天才的政治家は、新たに高度の発展を遂げた工業および財政を有したが、封建的伝統の上に立つ古い日本を代表していた。事実としても、また個人としても、彼は現代日本の両側面の統合であり、したがってまた常に古い拘束と非情で利己主義的な近代経済的諸力との仲介者でもあった。それ故に彼は、皇室では未曾有の実力と親密な地位を保有していた。

反徒にとっては元老たちの勢力を除くこと、すなわち元老の首領である八七歳の老公を除くことが最大の目標であったのである。が、このすべては挫折した。しかし西園寺がもっとも発展させようと思っていた「元老」制度において自己の後継者に選んでいたもっとも大切な人物、すなわち「元老の新世代」の首領と目されていた七八歳の斎藤子爵は兇刃に倒れた。その代表者個人を斃すことで文官内閣と元老を除くことは、反乱軍のプログラム遂行の前提にすぎなかった。

気分に支配された激情的な青年将校の眼には、その目標として模糊とした「皇道」あるいは「天皇の道」の理念《イデー》が浮んだが、これは「日本の天皇理念の真の神《かん》ながらの性格」を漠然と輪郭で示された改革と、日本帝国の希求すべき万国に君臨する世界支配とを実現して発揮されるものであった。反乱軍の考えがどんなに素朴で不明確であったにしても、とにかく彼らは陸軍の指導者、たとえば荒木や眞崎らによって内閣を代えようと思っていたのである。最終的には皇室と日本の政治に対する政党や大資本の勢力を除去するため、彼らは「元老」の代わりに軍の顧問を天皇の側近に置くことを希望した。そのうえ、皇室財産の国有化を必要とした。この計画を日本的に表現すると、一〇〇万円以上の財産はすべて天皇に返上せよ、という要求に集約される。最後に彼らは、日本の外交上の情勢に即応して国軍を従来の規模を超えて強化せよ、との要求を掲げる。

すべてこれらの要求はきわめて不明確なものであるが、それは基本的な政治と経済の変革の要求を暗示しており、この蜂起によってその実現に近づけられるべきものであった。こうして、この暗殺と東京〔近衛〕師団の兵による政府所在地域の占拠は、日本陸軍の行動主義的分子による政治権力掌握の重大な最初の一歩であった。

しかし、それだけでは二・二六事件の意義は尽されていない。部分的には反乱軍の方法まで規定したとはいわないが、その思考過程や方法はけっして一四〇〇人という比較的少ない反徒に局限されてはいなかった。この根本理念は日本陸軍の非常に広い範囲と、多くの超国家主義的な民間団体のなかにも根を下していた。その最後の根元は、多年日本中に瀰《び》漫《まん》し反乱軍にいたってついにその頂点に達し、しかもいまなおけっして収まってはいない深刻な社会不安と緊張にある。

これらすべての反乱軍の思考過程と目標、否、個々の計画や個々の犠牲者さえも東京におけるこの事件によってこと新しく、また人の意表をついて外界に知られるようになったものではけっしてない。一九三一年以来、陸軍部内の過激分子の目標と計画は公々然と言明されていた。多数の、不成功に終わったか、または事前に発見された陰謀のなかに、今日の反乱は次第に準備されていったものであり、また政治的社会的要素が展開していったものである。

理論と宣伝のうえで、この反乱の基礎になっている思想は、各種の国家主義団体の教条や陸軍の卓越した数人の人物に代表される考えのなかに含まれ、かつ流布されていた。陸軍部内をはとんど公然と支配していた「日本主義」という思想は「皇道理念《イデー》」とまったくの同一物で、類似した基礎的、政治的および経済的改革への要求を内蔵していた。これはすでに大部分、一九三四ないし三五年の間に陸軍省から公式の宣伝文書〔『国体の本義』〕として発表されていた。その大衆宣伝にあたり、これらすべての思想がいかに理念的・理論的であろうとも、それは最下級の将校にいたるまでの日本陸軍の深刻な政治化と過激化を実現する手段となり、理念は政治的な武器と化したのである。

新しいのはただ、反乱軍が用いた方法である。これはけっして、公然とその必要を宣伝されたことはなかった。反乱を起こした青年将校は、長年すでに共有財産になっていた、少なくとも陸軍の多くの少壮将校の共有財産となっていた諸々の目標から、彼ら独自の実践的な結論を引きだしたわけである。

反乱勃発直前には、陸軍部内のある団体はもっと過激化さえしていた。一九三五年夏に永田将軍を殺害した相沢中佐に対する三六年二月初めの東京軍事法廷での裁判では、公々然と二月二六日の反乱の目標と犠牲者が挙げられていた。この中佐は殺害後四八時間以内に極秘裡に、かつ当然あるべき最後の判決を下されることもなく、また彼自身が唯一の伝統的な結論に従って自決することも欲しなかった。軍事法廷は、上官の殺害者に公開の裁判を許した。数週間も、軍事法廷を現存の秩序、とくに殺害された政治家、または偶然その運命から免れた政治家に対する弾劾の舞台にすることを許したのである。日本の軍当局がこの事実と、早速現れたその効果を洞察しなかったかはわからない。しかし歴然たる事実は、一九三一年以来はじまっている日本陸軍の政治化が、相沢裁判でその理論的・宣伝的頂点に達したこと、この裁判の最中にそれが二月二六日の実践に移行したことである。

陸軍部内におけるこの過激な政治的潮流のもっとも深い原因は、日本の農民と都市の小市民の社会的貧窮である。多年来、日本の工業と金融業は好景気を謳歌していたが、同じときに右の二階層の間には、忍びよる危機が緊迫した段階に達していた。日本の将校団のほとんど五〇パーセントは、地方と密接な関係をもった階層の出身である〔中流または富裕な農民および地主の息子たち〕。ほかの多数を占めている者は、都市の小市民階級の出身である。したがってこれらの階層の窮状は、とくに将校階級に集中するに相違ないことは明らかである。さらに兵士のほとんど九〇パーセントは地方出身である。これら農民には政治的団体がなく、二大政党もたんに形式的に関心を有するにすぎない。まず最初に軍がこれらの地方と都市の人民層のますます激しさを加える緊張の伝声管となり、団体とならざるをえなかったわけである。この結びつきに、東京師団の反乱の最大の意味が存在している。

反乱は失敗した。天皇はいままでどおり西園寺公に、新しい政府と公自身の後継者と考えられていて今度殺害された斎藤提督〔内大臣〕の後任者を諮問した。新内閣は従来と同じく、閣僚に政党政治家を若干加えた文民内閣である。工業界や金融界は最初の驚駭《きょうがい》〔驚き恐れること〕から立ち直り、利潤の多い好況を持続した。外観上すべてが旧《もと》通りである。

それにしても多くの変化があった。元老の地位は根底から動揺し、その役割は明らかに小さくなり、これで反乱青年将校たちの目標のひとつは部分的に達成された。なぜならば、まず第一に、玉座を取り巻く新しい人々には、かつての高橋や斎藤や西園寺公のごとき人々のもっていたような権威はまったくない。西園寺はすでに八七歳で、決定的な政治勢力としてはこれが最後のものであろう。というのは、彼はその最後の組閣の際に、この反乱で、長年彼に反対し続けてきた諸勢力がいっそう強大になったことを痛感させられた。広田新内閣の構成、とくにそのプログラムはもはや、彼の作品ではなく、陸軍がいままでほとんどなかったほど強力に、新内閣に対してその意思を押しつけたからである。陸軍の指導層はまた、その内部を根本的に変革する決意を固めたようである。寺内陸相は軍紀の粛正を求めたばかりでなく、軍の政治化に断乎終止符を打とうとするかに思われる。陸軍の政治的役割は、その首脳部のみに限るというのである。

驚くべきことに、日本海軍はこれら重大な動揺や論争から超然としていた。海軍部内における反徒の思想に対する同情がいかに大きくとも、その手段・方法と下級指揮官による独断専行は、断固たる批判の的となった。海軍の毅然たる態度と団結こそは、反乱の拡大を阻止する重要な寄与をしたものである。

　新政府は国軍の強化、政治機構の改善、広範な庶民生活の向上といった盛りだくさんの計画をもっている。これらの大計画のどれだけ多くが実現するかは、将来が見せてくれるであろう。ひとつだけ確実なことは、二・二六事件がもっと重大な騒乱へのはじまりとなるか、また日本の重大危機における内部結束への転機になるかどうかはもはや便々〔のんびり〕と外交問題解決の暁を待つことを許されない、これら基本的な社会改革いかんにかかっているということである。

# 2　スペイン戦争への独ソ介入

## 独伊の積極的介入

一九三六年七月一八日、スペイン領カナリア諸島ではじまった人民戦線政府に対する反乱は、スペイン領モロッコでムーア人部隊を加え、対岸のスペイン本土南部に上陸してアンダルシア地方へと勢力を拡大した。土地改革と社会改革を望まない地主・カトリック教会は反乱軍を支持した。すでにファシズムが支配するドイツとイタリアは、当然のように反乱軍を支持し、公然と軍事援助を開始した（七月末）。やや遅れてソ連とコミンテルンは「反ファシズム」を掲げて介入した。反乱軍の首領には、急死したモラ将軍に代わってフランコ将軍がなり、一〇月には「国家主席」を名乗るようになった。総じて当初は反乱軍がアンダルシアを中心に南部を支配し、政府軍は首都マドリードと北部鉱工業地帯、カタルニア商工業地帯を掌握して、戦争は二年半におよび、最終的に反乱軍が全土を支配した（一九三九年三月）。内戦にして干渉戦争であるスペイン戦争を繰り広げた。

**表4　戦間期における主要国の友好・敵対関係**

| 年 | 英・仏 | ドイツ | ソ連 | 日本 |
|---|---|---|---|---|
| 1922(〜32) | | ラパッロ条約 | | |
| 1929 | 世界大恐慌 | | | |
| 1931 | | | | 満洲事変 |
| 1933 | | ヒトラー政権 | | |
| 1935 | | 再軍備宣言 | | |
| | (仏)――相互援助条約――(ソ) | | | |
| 1936(〜39) | | (独伊)←スペイン戦争→(ソ) | | |
| | | | 大粛清 | |
| 1937(〜45) | | | | 日中戦争 |
| 1938 | | 独墺合邦 | | |
| | ミュンヘン会談(英仏独伊) | | | |
| 1939 | | 独ソ不可侵条約 | | |
| | | ポーランド侵攻 | | |
| | ←第二次世界大戦開始→ | | | |
| 1940 | 仏降伏→英独戦争 | | | |
| 1941 | | ←独ソ戦→ | 日ソ中立条約 | |
| | | | | 対米英開戦 |

※著者作成

よくスペイン戦争は「第二次世界大戦の予行演習」であり、「兵器の実験場」だったといわれる。しかし、それが該当するのは主としてドイツ・イタリア側で、ドイツは大西洋ポルトガル北部の港経由で戦車、航空機などをスペインに搬入し、イタリアは、フランコ反乱軍の拠点スペイン領モロッコから、また地中海経由でもスペイン南部にこれら兵器を輸送できた。次項の「不干渉委員会」による海上査察が不徹底だったことも、独伊に有利に働いた。

ソ連は黒海のオデッサ港な

どから、地中海経由で遠路、スペイン東部のカルタヘナまで戦車、航空機を擬装して輸送しなければならなかった（イタリア海軍による監視下で）。また、スペインは山岳地帯が多く戦車の運用には限度があった。ドイツ空軍「コンドル兵団」によるバスク爆撃は「無差別爆撃」で悪名高いが、空襲が戦局を左右するにはほど遠かった。マドリード西方の平原、ブルネテで人民軍と反乱軍およびコンドル兵団が初めて大規模な戦車戦、航空戦を展開したが（一九三七年七月）、人民軍は兵員七万のうち二万五〇〇〇人が死傷し、機甲部隊の八割、戦闘機の三分の一を失う大敗北を喫し、その後は敗勢の一途を辿った。

人民戦線側の敗北は、独伊の援助が強大だったばかりか、英仏が「不干渉政策」によって対独宥和を行ったこと、内部では社会党左派（党首カバリェロ）と共産党の協調が長続きせず、社会革命推進派のアナーキストやトロツキスト系が強く「内戦中の内戦」にまで発展するほど分裂していたことが大きい。総じて、第一次世界大戦と共通点の多い歩兵プラス砲兵中心の戦争だったが、ファシズムか反ファシズムかというイデオロギー色が濃厚だった（後者は自由への渇望から共産主義への共感まで幅があった）点は留意されるべきだろう。

（田嶋「スペイン内戦とドイツの軍事介入」一二一〜一四九）

## 英仏の「不干渉」政策

フランスとイギリスはスペイン戦争に「中立」の立場を取り、一九三六年八月一日に不干渉協定をヨーロッパ諸国に提議した。しかし、すでに独伊による兵器供与が進んでいるのに「武器、弾薬、その他軍需物資を輸出しない」だけの協定は無力だった。これをめぐる仏ソ間のやりとりは省くとして、英、仏、独、伊、ソなど、スペインを除く欧州二六カ国から成る「不干渉委員会」が成立し、九月一〇日に第一回会議がロンドンで開催された。しかし、反乱軍への主要補給基地となっているポルトガルの加入が遅れ、反乱軍は九月二七日にトレドを陥落させた。前後するが、九月二五日に国際連盟総会で演説したスペイン外相は、不干渉政策は「スペイン政府に対する事実上の封鎖である」と訴えた。翌日の総会で演説したソ連のリトヴィーノフは、これに完全に同意できると表明した。

一〇月一二日ソ連代表は不干渉委員会に、ポルトガル港湾の査察を加えるよう要求し、会議開催を求めた。会議はようやく二三日に開催され、議長のI・プリマス（英外務次官）はポルトガル港湾だけではなくスペイン港湾・国境を査察の対象にしようと提案し、独伊に甘かったが、S・カーガン（ソ連代表）は呑むと判断した。一二月四日I・マイスキー（駐英ソ連大使）はプリマス宛書簡で、不干渉協定の対象を義勇兵に拡大すると提案した。これも総会で決定され、一九三七年一月から実施することになった。これにはソ連でも党・政府機関紙に対する「投書」

のかたちでの疑問や不満が寄せられた。

こうした英仏政府の動向は、ソ連で行われている大テロル（見世物裁判）に失望し、反ソ感情が広がっていることを示している。フランスでは、A・ジイドの『ソ連訪問記』（三六年）が反ソ感情を刺激した。「褐色（ファシズム）の脅威」より、「赤の脅威」の方が語られる世論に変わっていたのである。ちなみに、三六年一二月に英仏両国を（前年に続いて）訪問する予定のトゥハチェフスキーは、まずフランスで第一次世界大戦の捕虜仲間の将校と歓談したが、対独「縦深作戦」を説いても、フランスはマジノ線があるから大丈夫だ、君のいう敵後方へのパラシュート部隊降下など馬鹿馬鹿しいといわれて、痛く失望したという（イギリス国王葬儀列席は党中央指示によりキャンセル）。

不干渉委員会はようやく二月一五日の小委員会で、①義勇兵派兵禁止を二月二〇日から実施する、②海上・陸上査察計画を二月二〇日に採択し、三月六日から実施すると決定した。査察は対象地域や経費などの問題で遅れ、実際には四月一九日夜半に開始された。二六日のゲルニカ空襲に対しては「戦争の人道化」案が提案されたが、五月二五日のドイチュラント号事件（査察に参加していたドイツが主張する巡洋艦が共和国空軍機に爆撃された）が起こり、独伊は委員会を脱退した（英仏が説得して二週間余りで復帰）。再開された会議では従来からの問題に加えて、新たに交戦権問題（正統政府ではない反乱側に交戦権を認めるか否か）を議論した。

しかし、この頃になるとソ連が「不干渉委員会」に消極的になり、リトヴィーノフは、H・

チールストン（駐ソ英国大使）に「集団安全保障は追求するが、リードしない」と語った。スペイン内戦の行く末にも、独伊の衛星国でないファシスト体制なら受け入れうることをリトヴィーノフは表明する用意がある、とチールストンは観察していたのである。

一九三七年九月に、フランスのニヨンで三回にわたって（最後はジュネーヴで）不干渉政策実施にかかわる国際会議が開催された。地中海、とくにスペイン近海におけるイタリア潜水艦による一般商船臨検の「海賊行為」を取り締まるもので、一定の成果を挙げたとされる。しかし、スペイン戦争は反乱軍優勢のうちに進行し（北部鉱工業地帯も占領し、大西洋側からの補給が不可能になった）、三八年三月にオーストリアがドイツに合邦された。ソ連は一九三七年八月に、日本と戦う中国と不可侵条約を結び、兵器供給を開始したので、スペイン支援の余裕がなくなった。

（カー『コミンテルンとスペイン内戦』五六〜七六、Haslam, 142-143）

## ソ連の介入と「粛清輸出」

ソ連が「反ファシズム運動」としてコミンテルンを動かし、欧米各国で「国際義勇兵」を徴募し、主としてフランス（同じ人民戦線政府）経由でスペインに送り込んだことはよく知られている（G・オーウェル『カタロニア讃歌』やケン・ローチ監督の映画『大地と自由』など）。しかし、ソ連国家としても、独伊ファシズム国家が西欧に覇を唱えることは阻止しなければならず、兵器や兵員を送り込んだのは当然だった。その実態は参加者による回想で部分的には知られていたが、全貌はペレストロイカ期以降まで不明だった（スペインのフランコ、ポルトガルのサラザール独裁が一九七〇年代半ばまで継続し、その後「歴史の見直し」がはじまった遅れも大きい）。

ソ連がスペイン人民戦線政府の軍事的支援に踏みきったのは、フランコによる反乱から約一カ月遅れで、将兵と兵器の輸送は「X作戦」と呼ばれた。戦争の全期間を通じての兵器供給は、航空機がソ連六四八機、ドイツ七五六、イタリア七六六で独伊優勢だが、戦車・装甲車両はソ連が各三四七、六〇両、ドイツは合わせて一二二、イタリアはそれぞれ一四九、一五五と互角、火砲はソ連一一八六、ドイツ八三八、イタリア一八〇一と独伊優勢、等々である。一九三六年一〇月四日に、第一船がカルタヘナに到着し、榴弾砲《りゅうだんほう》（イギリス製）六門と砲弾六〇〇〇発、擲《てき》弾筒《だんとう》二四〇挺（ドイツ製、一〇万発）、機関銃二万〇三五〇挺を揚陸した。第二船はソ連のコムソモール号で、航海八日間で到着し、主力戦車T–26五〇両を送達した。この年の七〜九月だけで、ソ連籍船一〇隻を含む一七隻が輸送にあたった。

ちなみに、これらの兵器供与は有償であり、ソ連は支払い代金としてスペイン政府保有の金塊を搬出した（五一〇トン＝時価五億米ドル）。内務人民委員N・エジョーフは、一〇月一五日付の暗号電報で軍事顧問団長代理のA・オルローフに、A・ローゼンベルク大使とともにカバリエロ首相を説得し、金塊をソ連船で極秘裡に輸送するよう指示した。しかも、スペイン政府がカバリェロ陸相（兼任）・プリエト空相連名で要請した軍事援助追加を無視した。潜水艦四隻、

ヤン・ベールジン（1889〜1938）。アフロ提供

魚雷艇二〇隻、高射砲八〇門、戦車三八両、火砲一二〇門、機関銃一五〇〇挺、爆撃機五〇機などである。

この輸送作戦の責任者はY・ベールジン（赤軍諜報総局長）とG・シュテルンだった。後者はスペイン人民軍の育成を任務としていた。軍事顧問団は平均して六〜八カ月、現地に滞在した。顧問団長は三六〜三七年ベールジン、三七〜三八年シュテルン、三八〜三九年K・カチャーノフだった。顧問の軍人としてはN・クズネツォーフ（海軍、まもなく海軍人民委員代理）、K・メーレツコフ（帰国後に参謀総長）、N・ヴォーロノフ（陸軍砲兵担当）、Y・スムシケーヴィチ（空軍担当）などがいた。

三六年一〇月、フランコ反乱に過半数が加わった陸軍に代わって、人民軍発足が布告され（六個旅団）、エンリケ・リステルが第一旅団長に就任した。コミンテルンが呼びかけて結成された国際旅団（およそ使用言語別に、ドイツのテールマン大隊、イタリアのガリバルディ大隊、アメリカのリンカーン大隊など）は、士気は高いが練度は低く、しだいに補助部隊として扱われるようになった。ソ連軍事顧問団は軍の中央集権化を進め、部隊にはコミッサール（政治委員）を統制役として設け、ソ連式の軍隊に再編成していった。新人民軍の作戦・戦術的準備が弱いうえに、軍事顧問が突然のようにソ連本国に呼ばれるため、否定的な影響もみられるようになった。国防人民委員ウォロシーロフによる顧問たちへの干渉も、マドリード戦線への兵力集中と断固たる進出（防衛）に関する指令が実行されていないというような、現場も知らない者の口出しだった（しかも、スターリンしか使わない「主人《ハジャイン》」の名で）。

まもなくモスクワでの大量弾圧の話が伝わると顧問団の士気にも影響するようになった。スターリン名で一九三七年二月（モスクワ「並行本部」裁判直後）にバレンシア、マドリードに送られた電報には「一連の戦線での不首尾は裏切りと呼ばれる」とあった。顧問団と部隊コミッサール、ＮＫＶＤ要員との不一致も生じた。ＮＫＶＤ要員とは、同国家保安総局外国部のオルローフを長とする在スペイン・レジデントのことである。彼らは、トロツキー派とみられた「統一マルクス主義労働者党（ＰＯＵＭ）」指導者アンドレアス・ニンを殺害した。さすがに、ベールジンはこのやり方に憤り、ウォロシーロフに報告を送り「挑発的だ」と何度も訴えたが、彼自身が召喚されることになった。

たしかに、スペイン人民戦線側では社会党、共産党のほかアナーキスト、トロツキー系が強く、政府主流が「社会革命推進よりも戦争勝利優先」で、軍隊も中央集権化を進めたのに対し、反主流派が工場や農場の「集産化」と労働者、農民の自治や民兵組織を重視する違いがあった。この違いは、人民戦線側がフランコ側に対して優勢である間は表面化しなかったが、三七年五月の「バルセロナ反乱」において共産党とアナーキスト、トロツキー系とが武力衝突を引き起こしてからは、敵対関係に転じた。ソ連側は人民戦線内部のフランコ側の「第五列」（当時のスペインでは部隊は四列縦隊、この敵軍の潜入者、内通者を意味する言葉はフランコ側が最初に使用）を摘発することに躍起になった。スペイン政府に強いて秘密警察ＳＩＭ（軍事調査局）を設置し、アナーキスト、ＰＯＵＭに対する弾圧を行わせた（粛清の輸出）。カバリェロ首相は辞任し、穏健で、共産党の意向に従順な社会党中道派のＪ・ネグリンが就任した。オルローフ配下には、悪名高いＰ・スドプラートフ、Ｌ・トロツキー暗殺に暗躍したＮ・エイチンゴン、ラモン＆カリダード・メルカデール（兄弟）、Ｄ・シケイロスがいた。

いったいソ連はスペイン戦争でなにを得たのか。独伊を一九三九年三月までイベリア半島に釘付けにして、他の地域への侵略を遅らせたといえば聞こえはいいが、この間ミュンヘン会談にはじまる対独宥和がチェコスロヴァキア解体をもたらしたのは、スペイン戦争と並行していたことを看過している。ソ連の集団安全保障外交が破綻したこと、国内外のテロルによって「社会主義ソ連」の魅力がほとんど失われたことは大きい（独ソ不可侵条約が止めの一撃）。

（島田『ソ連・コミンテルンとスペイン内戦』一三五〜二九四、Rybalkin,57-183;Lats,79-85）

# 3 日独防共協定へ

## 日独防共協定交渉

ソ連は、日本の華北進出（一九三五年六月梅津・何応欽《かおうきん》協定、土肥原・秦徳純《しんとくじゅん》協定）や分離工作（一一月冀東《きとう》防共自治委員会成立）、広田三原則（一〇月の四相了解）といった一連の政策をどうみていたのか。ちなみに広田三原則とは、(一) 中国は排日言動を取り締まり、日本と提携する、(二) 中国は満洲国の独立を承認する、(三) 中国は「赤化防止」で日本に協力する、の三点である。

これを、ストモニャコーフ（外務人民委員代理）とユレーネフ（駐日大使）、D・ボゴモーロフ（駐華大使）のやり取りからまとめると、次のようである。①華北進出の軍事行動は軍部過激派によるもので、対ソ戦争の戦略的要地確保のためだが、対ソ戦争は当面は回避する。②日本はチャハル部＝内モンゴルに進出したが、外モンゴルに対する工作は対ソ戦争を挑発する恐れもあるので、慎重に行う。③華北の獲得は軍事行動より、南京政府内部の親日派の協力で平和的に進めたいのが日本の本音である。④蔣介石はイギリス、ソ連を引き入れ、日本に対する長期的な抵抗を考えている。⑤蔣によれば、ソ連とは外モンゴルおよび新疆のほか共産党問題を抱えているが、紅軍さえ押さえてくれれば軍事的協力ができる。⑥イギリスは南京政府の幣制改革を指導し、日本との対立に踏み込んだが、国内には親日的な保守派がいる。

このやり取りにはナチ・ドイツの対中軍事協力の話がほとんどなく、わずかに日本政府が独中借款条約（後述）を「極東の平和に対する脅威」とみているとしか言及されていないが、中国政府がしだいに日本に対して硬化し、長期抵抗路線をとるに至る経過がわかる。一九三六年五月には、ストモニャコーフはボゴモーロフに、蔣介石は国際情勢の好転、外国（英、米、国際連盟）からの援助を期待して時間稼ぎをしており、ソ連との友好関係も維持したいと思っているとの判断を示した。ボゴモーロフによれば、孔祥熙《こうしょうき》（行政院長）は中ソ相互援助条約が日本の侵略を阻止できるとして賛意を表したという。

中国とドイツは、ドイツ国防軍が蔣介石に軍事顧問団を送り、ドイツが戦略物資タングステンの約半分を中国から輸入し、武器輸出の半分強が中国向けであるという密接な関係にあった。一九三六年四月の独中借款条約は、この経済関係を固めるものであった。しかし、前年から日独防共協定がJ・リッベントロプ（ナチ党外交部長）によって準備されており、田嶋信雄によれば、国防省、とくにW・ライヘナウ国防省軍務局長の親中政策に外務省も疑念をもち、駐華大使O・トラウトマンと駐日大使H・ディルクセンの意見も分裂した（防共協定に前者は反対、後者は賛成）。結局、スペイン内戦を契機とするイギリスとの対立が反ソ防共陣営における日本の位置を高め、一一月の日独防共協定調印に至ったという。

日独防共協定がベルリンで調印されたのは一一月二五日であったが、ソ連は直前の二一日付『イズヴェスチヤ』論説「平和に対する日独の陰謀」で、これに激しく抗議した。協定は共産主義防止を謳うもので、日ソ関係にはなんの影響もないと有田八郎外相はユレーネフ大使に語ったが、論説は、実際には秘密軍事協定を含んでいるはずだ、日本帝国主義が満洲、中国でしてきたこと、ドイツ・ファシズムが次々と国際条約を破ってきたこと、両国が集団安全保障と国際連盟に反対してきたことをみれば、協定がソ連に対してだけではなく、全世界に対する陰謀であり、世界戦争を準備するものであることは明らかである。いまこそ侵略者に対する平和愛好国の防衛、集団安全保障と平和擁護の組織化が必要である、と。この「秘密軍事協定を含む」との表現は、大島浩駐在武官がW・カイテル（ライヘナウ後任の軍務局長）に示した一二月一四日の「日独軍事協定案」ではないとすれば、大島のあまりにも前のめりの軍事同盟転化論に対する危惧の表明と解するほかない。

ユレーネフは、三六年一一月二二日付ストモニャコーフ宛書簡で、日独協定は日ソ関係になんらの変化ももたらさないが、秘密軍事協定は、もし存在すれば、懸案のソ日不可侵条約を葬るものだ、その場合に、不可侵条約は日本による中国侵略の息継ぎの役割を果たしかねないと書いた。翌年一月二一日ストモニャコーフは返書を送り、この評価に反対し、日独協定は日ソ関係に大きな打撃を与え、将来の戦争に先立つ息継ぎの期間を可能なかぎり長くする対日関係調整を困難にしたと指摘した（書簡往復に時間がかかりすぎるのは、開始されたテロルの影響か）。この返書はまた、漁業協約調印拒否で日本に反省をうながしたとし、対日関係ではしばらく様子見の態度をとることを明らかにしている。と同時に、駐ソ日本領事館の削減を考えざるをえないと述べ、もっぱらスパイ活動と情報攪乱の温床となっているノヴォシビルスク、オデッサを閉鎖対象として挙げている。

こうした日ソ関係冷却化を端的に示す出来事が、モスクワに一時帰国したユレーネフがスターリンから伝えられた銑鉄の対日輸出中止である（三七年三月）。既存の契約は履行するものの、今後は輸出しないとされた。サハリン・ネフチによる対日石油販売は一九三七年をもって終了し、利権事業に対するソ連側の圧迫もあって低下し続けていたオハにおける北樺太石油会社のシェアは三三パーセントにまで低下した。

もはや、政治的関係の悪化を通商関係の改善でカバーする方法は、悪化の程度が著しいため、また、ソ連経済がアウタルキー（自給自足経済）化したため、そして日本もまた「日満支ブロック」経済を志向したことにより、通用しなくなったのである。換言すれば、従来の日本に対する経済的譲歩は、経済関係自体に根拠をもたない政治的判断に基づくだけに、もはや成立し難くなったのである。

（富田『戦間期の日ソ関係』一一三〜一一五、田嶋『ナチズム極東戦略』一七二〜一七五）

**【資料⑤ア】日独防共協定交渉の難航**（ラムザーイ、一九三六年五月三一日）

B・ビューロ〔外務次官〕のドイツ的に正確な表現によれば、ライヘナウとの日独交渉に関する話し合いで、彼は「ブロンベルク〔国防相〕はきわめて明快に、独日関係はまったく日程に上っておらず、リッベントロプ〔外相〕は日本との交渉を中断した」と回答した。

ライヘナウはこの明快な回答を与えられたものの、彼自身は対日交渉を停止するのは難しいと思っていた。オットやディルクセンも同じだった。ディルクセンは、ライヘナウの訪中には全力で抵抗し、中国への信用供与の総額を減らし、少額に留めるとオットに書いた。オットはK＝H・シュテュルプナーゲル〔陸軍参謀本部第三課長〕に、ベルリンでは日本との誠意ある交渉を友好的に続けるべきであり、そうしないと近い将来日本に対する不満をともなう反撃を食らうと書いた。

W・ブロンベルクとライヘナウが外務省を教唆しなかったら、ブロンベルクの立場の変更は、イギリスの日本に対するきわめて抑制的な政策の範囲に収まっただろう。

**【資料⑤イ】ウリツキーによるドイツ対日消極化の評価**（一九三六年七月二〇日）

極東情勢、とくに日独交渉の現状を中心とするエージェント情報を再び提出する。六月一九日の資料報告後に、同志スターリンの指示を受け取った。

「私にはドイツ側の情報操作に思われる」。

この同志スターリンの指摘にかかわる資料は、日独間の交渉のよく知られた遅滞の話で、ドイツ側が軍事協定締結を急ぐことを望んでいないことを示している。問題の資料は、在東京諜報要員が電信で送付してきたものが多数を占めているが、ふだんは、貴殿も知っているように、良質の、時には本物の機密資料を送ってくる。今回わが国大使館武官の報告にも、ドイツ軍参謀本部から直接に入手した文書に照らして本物と確認できた資料が含まれている。ドイツが当面、ドイツを具体的な軍事的義務で縛るような日本との協定を引き延ばしている理由は以下のとおり。

(1) ドイツ軍部からみれば、日本の戦争準備は不十分である。日本が対独協定に煽られて早めに行動することを恐れている〔ドイツが西方で決定的な援助ができるまでに〕。

(2) ドイツは、自己の欧州計画のために、極東では日本と利害が衝突するイギリスとの関係を悪化させたくない。

(3) ドイツは、南東ヨーロッパとアジアで政治的・経済的地盤を拡大し、中国でも独自の政策をとりたい。日本との同盟は、極東におけるドイツの外交の余地を狭めてしまう。たしかに、政府高官にまでおよぶ情報操作になる可能性、並行する軍事同盟交渉を隠蔽する動機によるのかもしれない。諜報機関としては、こうした最大の危険をも念頭に、日独軍事ブロック準備の秘密交渉を暴露しなければならない。

※日独防共協定には、情報交換と対ソ謀略に関するカナーリス・大島間の付属協定が追加されたが、それはソ連が懸念した軍事協定ではなく、しかも遅れて一九三七年五月一一日のことだった。ましてや、大島が強く要望した「参謀本部間の定期協議」も、日本の参謀本部は時期尚早と考え、カイテルは日本が秘密を保持できるかの懸念もあって拒否した（田嶋『ナチズム極東戦略』一八六～一九六・一九六～一九八）。

## 日中戦争と中ソ不可侵条約

これと対照的に、ソ連は中国との関係を強化した。一九三六年一二月一二日の張学良による蔣介石監禁（西安事件）は、蔣に抗日統一戦線をとらせる転機となったが、ソ連は当初事態を把握しかねていた。『イズヴェスチヤ』の第一報は、南京政府が最近政策を抗日世論寄りに大きく修正し、かなりの社会勢力を結集しつつあったとみるため、張の決起を中国における抗日勢力の団結を破壊しかねないものと判断したのである。リトヴィーノフも一五日の駐ソ大使蔣廷黻《しょうていふつ》との会談で、わが国は事態を憂慮し、張学良の決起を非常に不都合とみており、日本に利用されはしまいかを懸念すると述べた。と同時に重要なのは、茶その他の中国商品とバーターで飛行機を売却してくれないか、すでに他国（複数）から飛行機を分解状態で受領していると蔣大使が申し出たことである。

この「他国（複数）」がどこを指すのか（英独が考えられる）、売却を誘うトリックなのかはわからない。しかし、ソ連は対中兵器援助に踏みきり、一九三七年三月八日共産党政治局が中国に飛行機、戦車、その他を五〇〇〇万メキシコ・ドルで売却し、中国人パイロットおよび戦車兵をソ連で養成することを決定した。それが実施されるのは、日中戦争開始（七月七日盧溝橋事件）後のことだが、併せて両国の条約上の関係強化が必要になった。

通例なら兵器援助をともなう関係は相互援助条約であるが、七月三一日リトヴィーノフはボゴモーロフ大使に、相互援助条約にすると対日宣戦を意味しかねないので不可侵条約に留めるよう指示した。ボゴモーロフは蔣介石と会談を重ね、八月二一日中ソ不可侵条約が調印された。同日に南京政府が要請した軍事援助は、戦闘機二〇〇機、爆撃機一〇〇機、派遣パイロット三〇〇名だったが、二七日までの間に飛行機二〇〇機、戦車二〇〇両となった。代金一億中国ドルは六年間に現物で支払うことになったが、具体的には四分の三が錫、タングステンなど金属類、四分の一が茶などに充てられた。武器と鉱物資源のバーターという点では、独中借款条約を継承するかたちだったといえる。

八月二八日ボゴモーロフと会談した蔣介石は、対日徹底抗戦を強調するとともに、アメリカから飛行機一〇〇機の援助を受けることを明かした。九月一日ストモニャコーフは新任の駐日大使M・スラヴツキーに打電し、広田外相が中ソ不可侵条約にクレームをつけたら、日ソ間の不可侵条約は日本による長年の拒否と日独協定調印で非現実的なものになった、と答えるよう指示した。対中軍事援助には言及しないが、もし広田が問題にしたら武器取引は国際法の認めるところだと反論するようにも指示した。

三七年一一月中旬に上海が日本軍に占領されたが、この上海防衛戦でもドイツ軍顧問とドイツ製火砲などが中国側に貢献した。一二月初め南京の陥落が近づくと（すでに首都の重慶移転は決定）蔣介石はスターリンに支援を要請したが、ウォロシーロフと連名で、日本に対ソ挑発がないのにソ連が出兵すれば「侵略の犠牲者」顔をされて不利になるので、技術援助しかできないと、つれない返事だった。しかも、蔣介石が不可侵条約に基づく援助をドイツに漏らすようでは信用できないとスターリンはみていた。加えてトラウトマン駐華ドイツ大使による日中和平工作も「中国が日満と協力して防共政策を実行する」などの内容では失敗は必至だった。

翌三八年二月、ヒトラーは国会で演説し、満洲国を承認する決意を表明した。四月には中国への武器輸出を全面的に禁止する、軍事顧問団は召喚することを明らかにした。もっとも、軍事援助は企業の契約に基づくものだから、契約期間が残るかぎり継続されるため、一九三八年はソ連が最大の援助国だった。

（富田『戦間期の日ソ関係』一一六～一一七、麻田『蔣介石の書簡外交』上　六三～六六・七四～七五・八二～八四）

**［資料⑥ア］独中・日独関係に対するオットの見方**（一九三七年一〇月八日）

オット大佐は、一〇月六日ドイツ参謀本部宛書簡を私にみせてくれた。オットは、ここに至って日本は、ソ連との戦争には堅固な意志をもっているが、中国との困難な戦争は主要な目的から外れている可能性をソ連に隠している可能性があると書かれている。日独協力は在中ドイツ人要員の積極的な活動によって、多くの軍需物資を中国に供与する一方、日本にはハインケル3と輸送機器を供与する用意がなかったため、日本は当分、ソ連とのなんらかの不和を避けるだろう。ディルクセンも、私と同じことを書いているのを読んだ。

**［資料⑥イ］ゾルゲの日中戦争論評**（一九三七年一二月一四日）

「日本は改造されねばならない。日中戦争で示された経済的諸要請である」。近衛内閣ほど、短期間にかくも根本的にプログラムを変えねばならない政権は珍しい。近衛公は、権力の実権を握ってから広範な政治・社会改革を約束し、この動員に長期の政治的・財政的裏づけを与えようというのだ。中国との和平交渉、イギリスへの接近により平和を維持し、日本の世界的孤立を緩和しようとするという。日本の経済の軍事・経済的弱さと社会的欠陥を五カ年計画の助けで克服しようとしている。

しかし、事態は反対の方向に進んだ。数週間のうちに東京の目抜き通りでは、青年が召集され、親族に見送られて前線に向かう光景がみられる。政府、野党、議会は、長期にわたる政治的・財政的裏づけに全力を上げるといった。最近では内政改革の実験の時間も、志向もなくなっている。対外関係では反対に、世界戦争は宣しないまでも、中国との戦争を続け、英ソとの対立を強めている。日本は中国との戦争解決に全経済資源を投入せざるをえないとみている。経済の計画的展開に、否、経済を回すだけでも、現時点ではそう考えざるをえない。

近衛公はおそらく、このプログラム改革に乗り気ではなかった。戦時の首相、むしろ国民統合期の首相として、そうするほかなかった。日中両軍間の小規模な衝突が今日のような規模になって、当初計画を裏切るような経済的・政治的・軍事的な結論へと後退したのだ。

日本経済を戦争軌道に乗せる改革の経済的な結論は、軍部が長らく主張してきたように、私的利益を戦時体制全体に従わせることである。戦時経済の組織性は、軍部の要請であるだけではなく、現下の苦渋の選択である。こうした改革なしには、日中戦争初期の呑気な当座の経済的需要さえ充足することはできない。戦争後数週間の「北支事変」と呼ばれた時期に、戦費は五億二六〇〇万円（一円＝〇・七二帝国マルク）もかかった。

日本の貿易は、日中戦争のマイナスの影響を被っている。軍備増強にともなう輸入増、世界市場での価格上昇〔日本の輸出品の価格低下〕によって、輸入が輸出を約八億円も上回った。しかも中国では、輸入が極端に落ちたうえに、戦争の結果としての日本品不買運動も重なった。日本は貿易均衡のため四億ドルもの金準備を放出した。

しかも、日本の中国市場に対する資本の強制的導入は、中国の輸入〔外国の機械、ライセンスなど〕減少と相まって、工業生産力の拡大と矛盾をきたすようになった。近衛公と経済顧問たちは、日本の軍事経済の弱さが原料面ばかりではなく、工業生産能力の低さにもあることは弁えていた。日本の生産能力の低さが軍需産業の弱さばかりではなく、工業生産の世界水準にも立ち遅れていることを示している。中国以上に強い経済的なライバルに勝てないのである。

## ミュンヘン会談と対独宥和

一九三八年のヨーロッパでは、継続するスペイン戦争のなかで危機が中欧におよぶようになった。三月のドイツ・オーストリア合邦と九月のミュンヘン会談である。主役は、再軍備宣言とラインラント進駐により強国化し、ヴェルサイユ体制を崩壊させようとするドイツである。

ドイツとオーストリアは同じドイツ民族ながら、一九世紀の「ドイツ統一」直前に別々の国家となり、第一次世界大戦では同盟国として戦ったものの、戦後も二つの国家であり続けた。しかし、ナチが政権に就くと、ヴェルサイユ体制の建前を逆手に取った「民族自決」論を掲げ、独墺合邦を主張するようになった。それでも、キリスト教右派のE・ドルフスが首相であるときは、「身分制」（栗原優の呼び方だが、社会の職域編成というべきか）のイタリアに近く、オーストリア・ナチ党が一九三四年七月に一揆を起こしてドルフスを暗殺したとき、B・ムッソリーニはブレネル峠に軍を進めて牽制した。後継の王政派K・シュシニック首相は、翌年イタリアのエチオピア侵攻を機にドイツと妥協したものの（独墺協定）、ヒトラーによる内政干渉（ナチ党員ザイス・インクワルトの入閣要求など）を受け入れざるをえなくなった（三八年三月）。シュシニックは「王政復古」を問う国民投票を行おうとしたが、ドイツが動員令を発し、周辺諸国に見放されながら、屈服を余儀なくされた。こうして三月一〇日ザイス・インクワルト首相の閣議決定により、独墺合邦が実現し、ヒトラーは故郷オーストリアの首都ウィーンに凱旋入城した。

チェコスロヴァキアは第一次世界大戦後に独立したが、民族構成はチェコ人五一パーセント、スロヴァキア人一七パーセント、ドイツ人二二パーセントで、ドイツ人の大部分は西部のズデーテン地方に住んでいた。大戦末期に成立したドイツ民族社会主義労働者党は、帝国解体にともなってオーストリア、チェコの党に分立した（オーストリアに近いミュンヘンで成立したのがドイツ労働者党、改称して国民社会主義ドイツ労働者党＝ナチ）。チェコの民族社会主義党は一九三三年、親独過激派が台頭して最高裁により禁止されたが、K・ヘンラインがズデーテン・ドイツ郷土戦線を結成した。一九三五年にはズデーテン・ドイツ党と改称し（一九三五年）、総選挙では同地方で得票率六〇パーセント以上を獲得し、一躍チェコ議会の第二党に進出した。ヘンラインは三八年三月にヒトラーと面談し、ズデーテンの自治どころか、全チェコの併合さえ要望するに至った。

一九三八年五月、チェコはドイツ軍国境集結の情報をもとに動員令を発し、英仏もドイツに警告する事件が起こった。これにより、ヒトラーは強硬論に急変してチェコ併合を決意し、西部要塞（ジークフリート線）の抜本的強化、軍備の最大限の促進を軍部に指示するに至った。これに陸軍参謀総長のL・ベックが「相談もなかった」と反発し、七月には「将軍総辞職」をもって対チェコ戦争を止めるべきだと主張し、司令官会議でヒトラーが主張を変えなかったので自ら辞職した（八月）。後任のF・ハルダーも強硬だったが、現在の戦力では英仏に勝てないという判断で有力な将星はほぼ一致していた（ヒトラー腹心の空相H・ゲーリングでさえ懸念を抱いていた）。

これに先立つ一〜二月にW・ブロンベルク国防相・最高軍司令官、W・フリッチュ陸軍総司令官がスキャンダルで辞任し、ヒトラーは自ら最高軍司令官に就き（のちに軍事への頻繁な容喙《ようかい》を招く結果になった）、国防省を解体して国防軍統合司令部（OKW）を設け、長官にカイテルを就けた。後任の陸軍総司令官はW・ブラウヒッチュとなったが、彼もスキャンダルがあり、もみ消してもらっての就任だったからヒトラーに頭が上がらなかった。ヒトラーは、将軍一六人を退職させ、四四人を転任させたが、これは一九三七年六月以降のソ連における将星粛清には数や残虐さでおよばないものの、スキャンダルのSS（親衛隊）による工作の疑い、またはクーデタ同調者たちのSS排除志向が絡んでいた点に、ある種の共通性（軍部と保安機関とのライバル関係）がみられる（ソ連ではクーデタ計画はなかったし、あってもゲシュタポによる偽情報）。
一九三八年九月、チェコスロヴァキアがヒトラーのズデーテン割譲要求（イギリス首相N・チェンバレンの戦争回避案でもあった）を拒否して総動員体制に入り、フランスは六五個師団を動員、イギリスも海軍に動員令を発した。ウォー・スケア（戦争パニック）が全国に広まり、二七日夕にチェコに赴く機動師団のパレードを見にベルリンの目抜き通りや広場に出た人々は数百人だったという。しかし、九月二九日にミュンヘン会談（ヒトラー、ムッソリーニ、チェンバレン、ダラディエ仏首相）が開催された。ヒトラーの強硬策が当たり（戦争せずに領土を獲得）、英仏の対独宥和が第二次世界大戦への道を開いたことは周知のとおりである。ドイツはズデーテンを併合したのみならず、ボヘミア、モラヴィアをも併合し、スロヴァキアを保護国にしてチェコスロヴァキアを解体してしまった。なお、チェコスロヴァキアと相互援助条約を結んでいたソ連は、先に同条約を結んでいたフランスが相互援助に踏み出さないかぎり、軍事援助はできないことになっていた。

（栗原『第二次世界大戦の勃発』四一四〜四八四）

# 3章

# 日ソ間諜報戦と赤軍粛清

日ソ諜報戦の本格化、ゾルゲ諜報団の活動実態と
粛清下の綱渡り的性格

1940年頃の駐日ドイツ大使館(朝日新聞社提供)

# 1 満洲における諜報戦

## 満洲における日本特務機関

一九三一年九月満洲事変が起こると、日本陸軍では荒木貞夫陸相、眞崎甚三郎参謀次長下の対ソ強硬派が主流となり、対ソ戦争の準備を具体化した。「昭和八年（一九三三年）度対露作戦計画」は、日満共同作戦による沿海州ソ連軍、とくに「将来おそるべき」航空基地の撃破、ソ満国境沿いのアムール鉄道分断を想定したものだが、その作戦準備には治安回復、鉄道建設が先決だとされた。

これに応じて対ソ諜報活動も活発化し、眞崎次長は駐ソ大使館付武官河辺虎四郎中佐に、「謀略計画」を駐仏大使館付武官から閲覧し、その指揮に従えと指示した。謀略計画要領は六項目からなり、最初の三項目を「対ソ戦争」が占めている（四、五＝「対支那戦争」、六＝「対米戦争」）。（一）平時からソ連と第三インターの赤化政策を暴露し、対ソ戦が正義に適ったものであることを周知する、（二）対ソ戦は速決勝利を眼目とし、ウクライナなどの独立運動を幇助し、亡命ロシア人団体とソ連内部の同志による暴動を起こして労農政権を崩壊せしめる、(二) フランス、小協商、バルト諸国、トルコと親善を図り、右施策に協力させ、少なくとも便宜を提供させる、というものであった。

対ソ前線に位置する関東軍は、一九三三年六月に参謀部が「対ソ情勢の観察」をまとめた。第一次五カ年計画は重工業、とくに軍事工業で大きな成果を挙げたが、食糧事情は悪く、生活困窮して国民の不満が鬱積しているため「自ら進んで日満両国と事を構えるようなことはない」とみられる。満洲事変以来のソ連の極東への兵力増強、要塞構築などは、日本の侵攻を恐れる「守勢的配置、施設」にほかならない。ソ連は国力の発達が跛行《はこう》的で国内に不安を抱えているため、当分現状を継続するものと思われ、帝国は「常に強硬姿勢を維持し、大勢を睥睨《へいげい》して満蒙経営に全力を傾注する」。

関東軍参謀部はまた三三年六月、三四年四月に傘下特務機関に「対ソ謀略上の希望事項」を示達し、計画と報告を求めた。①日ソ開戦にあたり我に有利なる口実を得るため必要な資料の収集調査、②開戦前の赤化政策に反対する宣伝、③満洲国内部において想定されるソ連の謀略行為と防止方法、④東部シベリア、極東ソ領における反ソ運動勃発の誘致法、⑤赤軍の作戦準備および同行動の妨害、⑥対ソ日満協同作戦の場合の満洲国官民に対する指導、⑦開戦の動機促成のためソ連の行為と騙《かた》り、我方において行う「テロ」行動の実施、⑧開戦前の共産党員大検挙の時機と方法、⑨白系パルチザンとの連絡、その利用方法、⑩憲兵隊による北満鉄道（中東鉄道）のソ連隠匿武器の押収、⑪憲兵隊によるソ連ゲペウおよび共産党積極分子の調査と逮捕収容計画、⑫ブリヤート人および「外蒙古」人の利用方法、⑬白系武装団体の編制、⑭赤軍飛行場および軍用倉庫の先行的破壊の準備、⑮ソ領内鮮人をいかにして反ソ運動に導くか、また満ソ国境付近鮮人の謀略的使用価値および利用法、である。

満洲の特務機関はハルビン、満洲里、綏芬河《すいふんが》の三カ所から黒河（再開）、ハイラル、琿春、密山、富錦（以上新設）を含む八カ所に増加した。このうち朝鮮軍管轄の琿春を除く七機関が関東軍の管轄であった。ハルビン特務機関長が全体を指導することになっていたが、そのポストには百武晴吉《ひゃくたけはるよし》中佐、土肥原賢二大佐、小松原道太郎中佐、安藤麟三大佐が就いた。

西原征夫によれば、関東軍特務機関の充実にとくに貢献したのは安藤大佐（三三年八月～三六年三月、在任中に少将昇任）である。

諜報活動としては、第一に文書諜報班の設置が挙げられる。新聞雑誌など定期刊行物の系統的分析であり、白系ロシア人の協力を不可欠とした。『プラウダ』、『イズヴェスチヤ』、『エコノミーチェスカヤ・ジーズニ』（経済紙）、『トルード』（全連邦労働組合評議会機関紙）はむろん、『ティホオケアンスカヤ・ズヴェズダ』（「太平洋の星」、沿海地方党・ソヴィエト・労組機関紙）などの地方紙、『クラスナヤ・ズヴェズダ』（「赤い星」、陸海軍、のち国防人民委員部機関紙）などの軍機関紙などを分析した。このほか諜報要員などが入手した小冊子や書籍も、さらには傍受した無線電信も文書諜報班の分析対象であった。

第二は「哈特諜」すなわち「哈爾賓機関特別諜報」である。機関所属の白系ロシア人ミハーイロフがハルビン駐在ソ連領事館の電信員と接触して入手したソ連の外交通信文のことをいう。西原によれば、右電信員が日本の協力者になったのか、外交通信文を取捨選択して手渡す情報操作をしていたのかは判然としない。

第三は「白系露人事務局」、正式には「在満亡命ロシア人事務局」（Biuro po de.am rossiskikh emigrantov v Manchzhurskoi imperii: BREM）の設立である。従来白系ロシア人の団体はさまざまあり、たがいに反目して全体としては影響力が低下していたのだが、満洲事変と満洲国成立で活発化し、日本の特務機関の指導のもとに統一されたわけである。具体的には、安藤配下の秋草俊少佐によりG・セミョーノフ（シベリア出兵時に黒木親慶陸軍大尉に協力）系とロシア・ファシスト党（一九二六年結成）を中心に、諸団体を結集したブレムが一九三四年一二月一〇日に結成され、翌年一月に満洲国民政部に認可された。事務局長には、元セミョーノフ軍中将でファシスト党軍事部長のV・ルィチコーフが就き、ファシスト党書記長のK・ロザエフスキーは情報課長を占めた。

日本の特務機関がブレムを設立した動機は、白系ロシア人がその運動によって日（満）・ソ関係を混乱させないよう統制すること、ソ連その他諸外国の諜報機関に利用されず、こちらから対ソ諜報および謀略に利用しようとしたことにほかならない。日本特務機関はブレム設立以前に白系ロシア人鉄道守備隊を形成していたが、設立後いずれは関東軍にロシア人部隊を組織するつもりであった。ブレム自体も日本の意のままになる団体にすべく、『ハルビンスコエ・ヴレーミヤ』（「ハルビン・タイムス」）紙でキャンペーンをはらせたり、構成諸団体の日本に非協力的なメンバーを満洲国の警察に逮捕させたりした。

また、ブレムが中東鉄道売却交渉協定調印直前に結成されたのは、経済的困窮者が多い白系ロシア人を、ソ連国籍従業員の本国引き揚げ後に就職させるという誘因で彼らを引きつけようとしたためである。この頃日ソ両国は白系ロシア人をめぐる「綱引き」をしていた。白系ロシア人は、第一に、本来ロシアのものと彼らが考える中東鉄道が満洲国（背後の日本）に譲渡されることに不満を抱き、第二に、ソ連とハルビン領事館が示す特赦とソ連国籍を付与しての帰国という措置に引きつけられる者も少なからず存在したからである。

（富田『戦間期の日ソ関係』二七四〜二七八）

## オゲペウとグルーの諜報活動

対日諜報活動が本格的になるのは、やはり日ソ国交後であり、その主要な関心が日本の満蒙政策、満洲における勢力拡張に注がれるのは当然であった。一九二六年のオゲペウ外国部長に対する在ハルビン諜報要員の報告によれば、彼らは「日本の一連の組織の外交便ほか機密便の開封検閲を定期的・系統的に行っている。参謀本部、在中国特務機関、関東軍、朝鮮軍、支那

コラム

Ⅱ

## ハルビンでの諜報戦

ハルビンおよびいくつかの特務機関の指導的メンバーが日本敗戦後ただちに拘束され、軍法会議で銃殺刑判決を受け、執行されたことは拙著『シベリア抑留者への鎮魂歌』に記した。じつはソ連側は、対ドイツと同じく軍の戦時防諜機関「スメルシュ」が日本の特務機関、憲兵・警察組織を調べ上げ、周到に準備していた（白系ロシア人の団体「ブレム」幹部のM・マトコフスキーは1944年には密かに寝返っていた）。多数の被告はロシア共和国刑法第58条６項「スパイ活動」の廉《かど》で裁かれ、自由剝奪20〜25年の判決を受けた。

「スメルシュ」はまた、満鉄調査部、関東軍露語教育隊、ハルビン学院関係者も対ソ諜報活動を口実に拘束し、シベリアに連行、収容した。満鉄調査部では佐藤健雄、山本幡男、原田道治に長期刑を科した（３人は東京外国語学校露語科出身、山本はハバロフスクで病死、2023年映画化）。露語教育隊出身には垣内弘士、石原吉郎らがいる。ハルビン学院では教員４名、中島茂（５期、関東州警察、銃殺）、上野正夫（６期、満洲国外交部ロシア課長）、加藤幸四郎（10期、加藤登紀子の父）、梶浦智吉（12期）、内藤操（ペン・ネーム内村剛介、21期）、柳学亀（24期、朝鮮人）、赤沼弘（25期）などがいた。卒業生1487名中238名が抑留された（うち152名の氏名などが判明）。立場は反ソに徹した者も、親ソに傾いた者もいた（満鉄調査部では佐藤が反ソ、原田が親ソ、山本は双方に理解を示した）。柳、赤沼はハバロフスク放送局に入ってソ連に帰化したが、例外である。

最後のハルビン特務機関（関東軍情報部）長の秋草俊少将は、単独でモスクワに連行され、極東国際軍事裁判向けの供述書を取られた（おもにブレム＝白系露人の組織化、中野学校設立、白系露人の浅野部隊設立）。本人は1948年12月のMVD（内務省）OSO（特別会議）で、刑法第58条第６項、第10項（ソ連転覆）違反の廉で裁かれ、自由剝奪25年の判決を受けた。翌年彼は病死したが、1992年に名誉回復措置を受けた。ところが2023年後半、ウクライナ侵攻１年半後にロシアは「戦争犯罪に時効はない」という理屈で瀬島龍三、峯木十一郎（第５方面軍南樺太駐屯第88師団長）ともども、これを取り消す暴挙におよんだ。

駐屯軍（天津）などがわれわれの諜報活動の対象」である。

一九二七年ソウル総領事のI・チチャーエフ（じつはオゲペウ外国部要員）は、朝鮮軍将校「アベ」をエージェントに引き入れることに成功した。「アベ」がチチャーエフに提供したものは、参謀本部、朝鮮軍司令部、関東軍司令部、憲兵司令部、日本の警察、朝鮮総督府、日本軍諜報および防諜機関の文書のほか、「田中メモランダム」まであったという。モスクワのオゲペウ外国部がチチャーエフに与えていた指示は、「ソ連に対する、また、北満洲、モンゴル、極東におけるソ連の利益に対する攻撃準備にかかわるいっさいの事実の究明」であった。

ハルビンは日ソ双方の諜報・防諜機関の暗闘の舞台だったが、ソ連側はオゲペウのみならずグルーも要員を送り込んでいた。一九二八〜三一年のハルビン総領事B・メーリニコフは、じつはグルー要員であった。一九二九年グルー局長Y・ベールジンは革命軍事会議議長代理Y・ウンシュリフトに、日本人エージェントの四〇パーセントは軍人であり、年間二〇〇件の報告を受けていると報告している。しかし、同じ二九年初頭グルーのハルビン組織は、内通者の情報によって、北京の坂西（利八郎）機関に属していた「支那通」の土肥原率いる機関に急襲、逮捕されるという大きな打撃を受けた（土肥原は廃帝溥儀《ふぎ》を一九三一年に奉天に連れ出したことで有名になる）。

オゲペウはこのほか、参謀本部のソ連に関するビュレティン、軍令部のソ連に関する報告を入手している。たとえば「参謀本部ソ連ビュレティン」一九三二年第一〇号（四月一一日）は、極東、ソ連欧州部の二項目から成り、極東は兵力増強情報、沿海州、ザバイカル、北満州に関する情報と分たれている。北満洲情報には、反吉林軍がソ連から送り込まれたロシア人・朝鮮人・中国人共産主義者二〇〇〇人から成ること、そのうち「ロシア救済軍」と称する部隊はほとんど朝鮮人から成ること、ハルビンにはソ連からポグラニーチナヤ（綏芬河）経由で、ハルビンの著名白系亡命活動家暗殺のため八名のテロ集団が送り込まれたことなどが記されている。閲覧できたほかの四号分の内容、記述形式、発行間隔も併せ考えると、これが「露参報」露訳であることは間違いない。

周知のように、参謀本部（および軍令部）の重要書類は日本の降伏直前に焼却されたので、これらは貴重な史料である。管見のかぎりソ連側はかなり系統的に入手していることから判断すると、参謀本部（および軍令部）が駐ソ武官に電信で送ったものをオゲペウ特務部が暗号解読したというより、オゲペウの東京、ハルビンなどに在住の日本人エージェント、それも参謀本部（および軍令部）文書にアクセスできる将校クラスから入手したとみるべきであろう。

この点に関して、『ロシア対外諜報史概説』（露文）第二、三巻のなかに、注目すべき叙述がある。オゲペウに徴募され、十余年間にわたってソ連に機密情報を提供した日本人、一人は東京のエージェント、コードネーム「クロートフ」、もう一人はすでに言及した将校「アベ」の話である。

東京の「クロートフ」は、軍区（本土、台湾、朝鮮、関東州のことか）ごとの毎年の動員計画、日本、朝鮮、満洲における部隊の配置換え、陸軍内部の気分や政治運動、暗号表、日本のみならずアメリカ、ドイツ、中国の軍事諜報に関する書籍、東京防空計画、軍幹部の異動、新兵器開発といった情報をオゲペウ要員に伝達していた。このほかハルビン特務機関の報告書、その諜報要員やソ連専門家に対する派遣命令、参謀本部の対ソ戦争「乙」計画を満洲事変後に具体化した「丙」計画も入手した。彼は憲兵司令部第三課の特別写真現像室を利用したというから、第三課（防諜、外事、検閲担当）に所属する憲兵将校だと推定される。しかし、「クロートフ」はしだいに神経質になり、報酬をつり上げ、また、初歩的な安全策も無視してオゲペウ要員との連絡場所を憲兵司令部近くの日比谷公園にする、動員計画のもっとも重要なページの撮影を「忘れる」など不用意な行動のため、オゲペウは協力者として使わなくなり、その後の行方は知れないという。

「アベ」は、すでにみたようにソウルでオゲペウの協力者になり、「満洲国」が成立するとハルビンに転任し、次のような情報を収集し、オゲペウ在ハルビン要員を通してモスクワに送った。日本人エージェントとそのソ連側諸組織に対する工作、ソ連領内における諜報活動、亡命者部隊の形成、日本防諜機関に尾行されたソ連人に関する情報である。この情報に基づき、ソ連側エージェントを装い、愛国的気分のロシア人を集めて「スパイ網」を組織し、中東鉄道の労働組合および党組織の非公然細胞に潜入した日本人挑発者の一部が摘発されたという。

「アベ」は、極東赤軍諜報部が満洲に送り込んだ中国人および朝鮮人協力者を日本側が二重に徴募した事実に関する資料も提供した。その活動は一九三五年頃まで知られ、「アベ」は関東軍憲兵大佐「サソウ」の庇護を受けていた。彼らの仕事ぶりは、オゲペウにとって「サソウ大佐の白系、ソ連系、その他外国人に関する活動のすべてがいまや、われらが協力者経由で手に取るようにわかる」ほどであった。なお、右「サソウ」は、「大正八年八月浦潮特務機関業務経過概要」に記された荒木の部下「佐相寅秀」歩兵中尉に間違いない。なお、「アベ」は戦後ソ連軍に抑留され、帰国後に回想記を残した阿部幸一である。

(Ocherki istorii --- T.2, 252-257; T.3,222-232, 富田『戦間期の日ソ関係』二八三〜二八四・二八八〜二九〇)

## 極東赤軍諜報部の活動

極東赤軍とは、一九二九年秋に中東鉄道利権を回収しようとする張学良の奉天政権とソ連が軍事衝突した時に組織された特別極東軍のことで、勝利により翌年一月一日赤旗勲章を授与され「特別赤旗極東軍」と呼ばれるようになった。モスクワ、レニングラード、ザカフカース、シベリアなどと並ぶ軍管区のひとつだが、日本に対する最前線として重視され、司令官は当初から、中国国民革命軍顧問として有名だったV・ブリュッヘルであった(一九三五年に五元帥の一人に)。各軍管区には参謀部、政治部などと並んで諜報部があり、軍中央の諜報機関と同じく第四部と呼ばれた。

極東赤軍第四部の活動はむろん秘密だが、活動の結果どのような情報が得られたかは内部資料『諜報報告書』、『日本および中国に関する軍事・政治ビュレティン』に掲載された。右内部資料は、前者が狭義の軍事情報（日本軍、満洲国軍の配置および移動、演習、対パルチザン作戦など）、後者が政治的分析を含むという違いがある。たとえば『諜報報告書』一九三四年第一号（二月二〇日）は、①歩兵第七師団（旭川）の一部の満洲への移動、②日本軍の吉林省における作戦、③歩兵第一四師団の作戦、④満洲における要塞構築から成っている。

『日本および中国に関する軍事・政治ビュレティン』一九三三年第四号（五月五日）は、①満洲の一般情勢、②北部中国の情勢、③中東鉄道をめぐる情勢、④満洲における白衛派の活発化、⑤日本軍の内モンゴル侵攻、⑦満洲における鉄道建設、⑩日本人の満洲植民、⑪日本陸軍師団長会議、⑬日本軍の政治教育、⑮日本の軍需産業などの一五項目から成っていた。

⑪の眞崎参謀次長による報告の一部を抜粋すると、記述のうちソ連の食糧難、農業不振、輸送難は「偽情報」どころか事実であり、一九三二年初冬から三三年春にかけて苛酷な穀物調達によりウクライナ、北カフカース、ヴォルガ流域を中心に飢饉で数百万の死者を出していた。ソ連は厳しく情報を統制したが、それでも飢饉は外国に知られ、日本の大使館や諜報機関も情報をある程度までつかんでいたのである。ソ連が対外戦争をできる国情になかったという観測も当たっている。

極東赤軍第四部の日本分析はもとより、党・政府指導部のそれに準じたものであるが、対日国防の最前線にあるだけ徹底しようとしており、『日の出』誌一九三二年一〇月号付録「米露と戦って日本は勝つか」なる高級将校座談会における対ソ予防戦争論を翻訳、紹介までしていた。ちなみに、日ソ軍部間の協定により相互に派遣された実習武官のソ連側最初の二名カズロフスキー、M・ポクラードクは極東赤軍第四部長補佐であった。（富田『戦間期の日ソ関係』二九〇〜二九三）

**［資料⑦ア］極東赤軍のソ連極東防衛に関する報告**（一九三七年三月二七日、極東赤軍元参謀長A・ラーピン）

わが極東の防衛問題に関しては、まずは一般情勢をみる必要がある。ソ日戦争が起こった場合に、今日の中国にどんな意義があり、いかなる役割を果たせるかという問題が生ずる。国民党中国でさえ、帝国主義日本の粉砕に死活の利害を有するからである。

それでも、近い将来にソ日戦争が起こっても中国の意義はごく小さいといえる。中国が満洲に進攻する準備は一〇年以上もかかり、それも最適の情勢でなくてはならない。いまのところ中国がソ日戦争に確固として参戦することはできない。ただし、極東に、日本が満洲外の中国本土のかなりの部分を占領するという、まったく異なる状況が生まれれば話は別である。中国の人口密集地域で住民の大きな敵意が存在するところでは、満洲「獲得」に要したよりも強大な力と大きな緊張を強いられるだろう。そのときソ連軍が極東に進攻すれば、大変好ましい結果が生ずるかもしれない。

さらに、ソ日戦争を考えるには、今日ではもう決定的な意義をもたない二つの要因を考えるべきである。第一に、日本との満洲における戦争は果てしないパルチザン戦争になる点である。たしかに、航空機、自動車化、機械化の時代に、パルチザン戦争の意義は決定的ではないかもしれない。しかし、わが軍が満洲に進攻すれば、住民から兵員を補充する必要が出てくる（訓練には少なくとも数カ月かかるにしても）。

第二に、アメリカの役割である。日米間には大きな対立がある。しかし、将来両国が衝突する可能性は除去できない。しかし、日米戦争のきわめて困難な条件を考えれば、米国がソ日間に介入し、それ以前に日本の戦力を若干削減するか、使用できないようにする必要がある。また米国が、中国の広大な部分が日本に占領される場合、自国も利害関心があるので介入することはありうる。

米国の介入は、はじめのうちは日本陸軍に対する影響が小さいので、なによりも日本海軍と航空艦隊を抑えるという重要な課題を解決する必要がある。そうしてこそ米国は中国に空軍基地を設け、状況次第では地上部隊を降下させて、その後の行動を展開できることになる。

したがって、目下のところは両国の戦力を見積もっておくべきである〔アメリカは割愛されている〕。

極東赤軍諜報部によれば、一九三六年の日本の年間生産力は、航空機一万二〇〇〇、エンジン一万二〇〇〇、トラクター一〇〇〇、トラック五〇〇〇、各種火砲一万、軽・重機関銃一五万、ライフル銃三〇〇万である。

しかも、日本はかなりの兵士動員ができ、十分な技術的訓練を保障できる。日本軍部隊の規律と戦闘力は今日きわめて高く、戦争前に兵士大衆の革命的意識の成長が阻止されていなかったら、われわれは勝利達成に十分な力〔ソ連側からは援軍〕を得ることになる〔沿海地方南部、スンガリ方面、ブラゴヴェシチェンスク以南、ザバイカル方面と防衛体制が検討された後〕。

二正面戦争の諸問題
世界には戦争、とくに対ソ戦争の火種が、極東に日本、西欧にドイツがあると、同志スターリンは指摘している。これら帝国主義大国が一部の小略奪者を率いて共同で攻めてくることは、大なり小なりありえる。現時点ではドイツ、日本は侵略の準備が不十分だと感じ、国際情勢の助けも得られないと思っている。ドイツはフランス・ファシストの決起をあてにしているが、内政が混乱している時に日本と一緒に対ソ戦争はしない。わが国も、この困難下で西欧と極東の二正面では戦争できない。望まれれば、あるいは状況次第では、二正面戦争もありえるが、主力は西方のドイツとその手先に向け、極東には残余を当てる。今後の検討課題である。

**〔資料⑦イ〕『極東赤軍諜報報告』第五号抜粋**（一九三七年七月二六日）

一　日本軍の再配置（略）

二　中国北部の諸事件（略）

結論

①　日本軍をソ連との国境地帯に再配置したのは、北支派遣軍司令部に行動の余地を与え、満洲の兵営を大陸へ移動する新部隊のために空ける目的によるものとみられる。関東軍および朝鮮軍を増強する〔おそらく歩兵一〇個師団に〕計画を部分的に実現するのだろう。

②　日本軍が北京郊外で起こした事件〔盧溝橋事件〕は、大規模な中国侵略を示しており、中国北部の鉄道の戦略的要衝の占領をねらったものである。

③　大陸における日本軍の再配置は、日本のソ連攻撃の強化を意味している。この観点からすると、中国北部の紛争は、新規の部隊をソ連に仕向けるための偽装にすぎない。

特別赤旗極東軍諜報部長　大佐　ポクラードク

## 2 ゾルゲ諜報団の活動

### 在日レジデントゥーラ

レジデントゥーラとは諜報要員の居所で、合法と非合法とに分かれる。合法レジデントは大・公使館、通商代表部の職員などから成り、彼らは身分証を携行している。一九三六年時点における在日合法レジデントゥーラは、A・アスコーフ（大使館一等書記官）、G・アブラーモフ（公使代理）、N・オシノフスキー（大使館職員）、P・シレンスキー（駐在武官補佐）、P・アウリツエム（神戸領事）、S・ブトケーヴィチ（神戸領事館書記）らであり、日本の植民地で領事館の置かれたソウルにも配置されていた。非合法レジデントゥーラは、外国紙または通信社の特派員（ゾルゲ、ヴーケリッチ）、個人商店主（クラウゼン）など、多くは偽造身分証を携行して借家か民間アパートなどに暮らす諜報要員が、ひそかに連絡し、会合する場所（アジト）のことである。

赤軍諜報総局第七（日本）部の一九三六年時点における非合法レジデントは、ゾルゲ、クラウゼン、ヴーケリッチ、A・クーシネン（女性、短期滞在）の四人であり、尾崎秀実や宮城与徳は含まれていない（M.A, k1, 660）。『ゾルゲ事件1』の「対日諜報機関関係被検挙者一覧表」は諜報機関員（一七名）と非諜報機関員（一八名）に分け、前者にモスクワから派遣された人物以外の尾崎や宮城など現地徴募のエージェントも含めている（224〜225ページ）。ゾルゲ自身も、尾崎や宮城を含む五人が諜報機関員だと「獄中手記」には記している（『ゾルゲ事件3』二四九）。少なくとも日本の警察・憲兵・検察には区別がつかず（最初はコミンテルンの組織と思っていたか、あるいは、区別をつけずに）「国際諜報団」を大きな組織に仕立てたかったのかもしれない。

しかし、ゾルゲは「獄中手記」に示されるように、自分と直接に接触する人物を尾崎、宮城、クラウゼン、ヴーケリッチに限定していた。そのクラウゼン、ヴーケリッチと会うのでさえも、極度に神経を使っていた。尾崎らとの面会場所も高級料亭か、外国人要員の場合はその私宅を利用したという。日本共産党は解体状態だったが、その関係者との接触を厳禁していた。自宅を警察官が週に一回くらい訪問したが、同盟国ドイツ大使館に頻繁に出入りする人物（しかも「ナチ党員」）に対する監視であった。文書、とくにオットから借り出し、あるいは断りなくもち出したものはただちに写真

オイゲン・オット（1889〜1977）。アフロ提供

に収め、返却するようにしていた。文書の写真撮影は記者のヴーケリッチと二人で行い、容量が大きいものはマイクロ・フィルムに収めてクーリエ（外交便）でモスクワに送った。彼が四〇年初めに日本人女性（山崎淑子）と再婚してからは、業務はゾルゲ宅で行うようになった。

ゾルゲはモスクワから派遣される際に無線通信を学習してきたが、送信機および受信機は日本で部品を調達してクラウゼンが改造した。通信は、電文のアルファベットを約束の数字にかえ、『独逸国統計年鑑一九三三年版』の数字を加えて五字組にするという方法で、日本の警察が傍受しても長らく解読できなかった。最初に連れてきた通信士G・シュテインのできがよくなかったので、一九三五年のモスクワ一時帰国の際に要請して、クラウゼンが来日した。クラウゼンを検挙して供述させてから右方法がわかり、暗号を平文の英文に戻して邦訳した（『ゾルゲ事件4』七三一―七七）、やがて、彼は偽装のために立ち上げた「クラウゼン商会」の経営にしだいに夢中になり、ゾルゲと諍《いさか》いを起こすようになった。（『ゾルゲ事件1』一〇一～二〇七）

ちなみに、財政は正確な記録が残されておらず、一九三六年のレジデントゥーラの支出は、個人に三万二七〇六円（予算は二万八九八〇円）、組織に二万一五五九円プラス一〇〇〇メキシコ・ドル（予算は一万六一四〇円）かかった（AM, 185-186）。個人への支払いはエージェントへの情報提供謝礼、ゾルゲらの生活費、また組織への支払いはアジト家賃、無線および写真経費、郵送料などであろう。

ゾルゲ自身は「獄中手記」に記したほど、日常の行動に細心の注意を払ったとはかならずしもいえなかった。バイクで飲酒運転による転倒事故を起こして、大怪我をした。一緒に飲んだドイツ人ウーラッハが駆けつけてくれ、クラウゼンに電話して来てもらい、ポケットのメモを渡して、危うく警察沙汰になるのを逃れている（一九三八年五月）。もっとも、こうした行動力がなければ、二・二六事件の現場付近にバイクで乗り込んで取材することもできなかった。

　女性関係は派手だったが、諜報活動が危うくならないように慎重に行動した。ただし、この時代の男性の女性観、ジェンダー観には拘束されており、「獄中手記」には「女というものは政治的な、あるいはいろいろな知識がないから情報活動には全然ダメで、私は女からよい情報を得たことは一度もない」と記している。石井花子との関係は恋愛関係だったことはたしかだが、この時代の左翼革命家にみられた「ハウスキーパー」的な役割を負わせなかったとはいえない。「情報活動に人妻と親しくして利用するということは、その夫がやきもちを焼くので、かえって仕事を打ち壊すものである」とも書いたが、オット夫人ヘルマとの関係はうまくやったとでもいうのだろうか。（『ゾルゲ事件1』一二三）

石井花子（1911〜2000）。石井花子『人間ゾルゲ』口絵より（ゾルゲ撮影）

　ゾルゲはドイツで博士号を取っており、獄中で「できれば学者になりたかった」と述懐するほどの読書家であり、ドイツ語紙・誌に日本の農業問題や経済状態に関する論文を寄せていたのである。ゾルゲはマルクス主義理論を土台に、ドイツのＫ・ハウスホーファーが確立した地政学（諸国の地理的位置や国土の状態が政治・外交を規定する。たとえば「海洋国家」「欧州の勢力均衡」「ロシアの南下政策」）にも傾倒しており、諜報機関員としては打ってつけだった。ちなみに、ドイツの『地政学雑誌』への寄稿は、以下のとおり。

ａ「再建途上の満洲国」（一九三五年六月）
ｂ「日本の軍部」（一九三五年八月）
ｃ「東京における軍隊の反乱」（一九三六年五月）
ｄ「日本の農業問題」（一九三七年一～三月）
ｅ「内蒙古の現状について」（一九三七年五月）
ｆ「日中紛争中の香港と西南中国」（一九三八年七月）
ｇ「日中紛争中の広東と西南中国」（一九三八年八月）
ｈ「日中戦争中の日本経済」（一九三九年二～三月）
ｉ「日本の膨張」（一九三九年八月）
ｊ「日本の政治指導」（一九三九年八～九月）

（『ゾルゲ事件４』五四九～六四四）

※ｂ、ｃ、ｄ、ｈ、ｉは、みすず書房編『ゾルゲの見た日本』（同書房、二〇〇三年）に再録された。ｃこそ、当時国際情報局に勤務していた『イズヴェスチヤ』紙のＫ・ラデックが『地政学雑誌』掲載論文を読んで、要旨を掲載したものである。

ここでヴーケリッチの情報活動にも触れておく。彼は『アヴァス』通信社の特派員となったが（一九三五年）、ユーゴスラヴィア（現セルビア）『ポリティカ』誌には二年前から情報を送っていた。「諜報団」の情報・意見交換はゾルゲがリードしたとはいえ、なんらかの影響を与えたことは想像に難くない。少し後の時期の一例を挙げておく。

**［資料⑦ウ］ヴーケリッチの記事「日本の独伊連合への参加」**（一九三七年一月三日）

……国際連盟が一九三二年に満洲での行動のため日本を非難して以来、日本に対する道義的封鎖は弱まるどころか厳しさを増している。日本周辺には、ウラジオストクからシンガポールまで、外蒙古からハワイまで、戦備と要塞の「鉄の包囲陣」が張り巡らされた。日本の同盟国になりうる大国は、これも公正な国際連盟の怒りの犠牲となったイタリアとドイツしかなかった。だが、東京の外交はこれら列強の「除け者」と連合することにどんな利益を見いだし、どんな活動を期待しているのか。その大問題への答を、錯綜した世界外交の迷路のなかに求めてみよう。

**日本をめぐる「鉄の包囲陣」**

ウラジオストク。ソ連はこの街を重砲と特殊鉄筋コンクリート製の堡塁で固め、シベリア横断鉄道を複線化して以来、誇らしげに「極東のジブラルタル」と呼ぶ。日本側はこれを「帝国の心臓に突きつけられた匕首《あいくち》」とよび、地図を示してウラジオストクが日本と満洲国とのちょうど中間にあり、戦術家として思考することを好む日本人の怒りと不安を引き起こしていると主張する。

先日、シベリア鉄道の北、ずっと内陸寄りを通る新線が開通し、一号列車が走った。日本軍砲兵の射程外である。この「世界最大の軍事鉄道」は、モスクワとコムソモリスクとを結ぶ。この街には、太平洋岸第二のソ連海軍基地の建設が予定されている。ウラジオストクには現在、五〇隻以上の潜水艦、かなりの数の駆逐艦および水雷艇などが停泊している。ウラジオストクの北に新軍港が建設されるまでは、最大級の戦艦もここに停泊する。ソ連は、数年後には世界最強の海軍をもつといっていなかっただろうか。英ソ海軍条約は、ソ連極東艦隊の総トン数、大砲、武器についてはいっさいの制限を設けないと明確に定めている。そのうえ、恐るべきソ連空軍の三分の一は極東に常駐している。ここには数百機の重爆撃機がある。そして、日本の都市は木でできているのだ。

ウラジオストクが「極東のジブラルタル」なら、ソ連国境沿いに連なる数千のコンクリート要塞は、ソ連の「マジノ線」だ。両者の共通性を論じるなら……秘密の組成をもつ特殊鉄筋コンクリートで建設されていることを知らなければならない。

「鉄の包囲陣」は外蒙古を通って続く。ここが連鎖のもっとも弱い環でないことは、本年初頭にジンギス汗の子孫が示したところだ。蒙古側の真意を探るため、やって来た強力な日本軍部隊を撃退したのだ。戦闘には「蒙古軍」の航空機数十機と戦車が参戦し、日本軍は四〇人の死傷者を残して撤退した。……それ以来、スターリンはソ蒙軍事同盟の存在を明らかにして、実情について東京に疑念の余地がないようにした。

### 中国は今後、日本の侵攻に抵抗する

万里の長城は再び中国の防壁となった。蔣介石将軍はそこに数十万の兵力を集め「日本軍国主義の傭兵」内蒙古の徳王指揮下の蜂起軍の騎兵隊に抵抗している。内蒙古騎兵は日本軍の航空機や装甲車の掩護を受けているが、蔣介石軍は攻撃を退け、徳王の首都、百霊廟を占領した。

揚子江の流域、上海周辺や日本領台湾の対岸、福建省の海岸に、中国は強力な要塞を築き、ドイツ・

クルップ製の重砲を装備した。日本軍水雷艇が中国の領海に入ろうとして、新型要塞砲に追い返された。中国は今日、かつての万里の長城よりも強力な防壁で囲まれている。それは、あらゆる主権侵害に対して、戦争になろうと全滅しようと抵抗するという断固たる決意だ。少なくとも苦力から蔣介石将軍まで、すべての中国人がそういっている。……

中国から南にも「ジブラルタル」はある。オランダのスラバヤ軍港がそれであり、シンガポールとスラバヤは英蘭海軍協力の基地となる。アメリカがフィリピンに一〇年後の独立を約束した時、日本の期待に反して、米国艦隊の基地利用を継続することを認められた。米国はハワイ諸島の要塞化を進め、ミッドウェー諸島にも水上飛行艇基地を建設している。

国際連盟が満洲における日本の冒険を「道義的に」非難した時点では、これらの恐るべき軍事施設のうち一部はまったく存在せず、ほかはそれ以後の四年ないし五年の間に何倍も強化されたことを思うと、その当時盛んに「封鎖」ということがいわれたが、それはけっして空言ではなかったという印象を受ける。

**対日経済封鎖**

この鉄条網の裏からイギリス、ソ連、アメリカは日本に対しもっとも厳しい経済封鎖を行うことができる。日本は重要な原料や必需品が不足しており、それはこれら諸国から買わなければならず、支払いに必要な外貨を手に入れるには市場も必要だ。そうした日本の必要に前記の国々の外交はつけ入って、日本に圧力を加え、自分たちの権益を尊重させようとする。

この「経済的圧力」は、中国では日貨排斥運動という周知のかたちをとっている。同運動は、満洲事変に発展した最初の衝突の後ですぐはじまったが、今日なおかたちを変えて続いている。蔣介石将軍は、日本の要求に応えて積極的な不買運動は禁止したが、同時に日本から輸入される主要産品の関税を引き上げ、もっぱら国産品を買うように宣伝している。中国ドルの平価切り下げは、日本の対中輸出の

伸長をさらに困難にした。（以下略）
南米諸国やフィリピン、蘭印では、政治的な輸入割当や「為替差調整」関税により、日本商品の輸入はますます難しくなってきた。……日本経済に最大の打撃を与えたのが日本の食糧、輸出産業、そしてなによりも軍需産業に必要な原料を支配している国々だ。ソ連領カムチャツカ水域の漁業、サハリンの石油、オーストラリアの羊毛、エジプトの綿花、カナダの小麦、英領インドの鉄鉱石――これらは日本にとっては死活問題だ。（以下略）
日本の輸出はいぜん高水準だし、日本の工業は陸海軍の倉庫を満たし続けている。だが、どれほどの犠牲を払ってのことか。綿花一キロに対し、日本は製品にしてわずか二年前の三倍の代価を払っているのだ。この封鎖政策は国の経済力をすっかり疲弊させているといってよい。そのうえ、日本の外交は平和を購うために、しばしばかなりの犠牲を強いられている。全体として、現今の中国危機における日本の「弱腰」は、大英帝国の経済的懲罰に恐れをなしたという面が大きい。（以下略）

## 日本はなんとしても「鉄の包囲陣」を打破する

日本は「日本兵の軍靴」をもっては、もはやこの「鉄の包囲陣」を蹂躙することはできないことを知っている。満洲事変当時なら、それもできた。だが中国やソ連は強くなりすぎた。

一九三六年二月の東京の事件は、日本軍の「アキレス腱」を示した。政治煽動だ。東京の参謀本部は新しい近代的な機構を作り、軍の機甲化に必要な装備を購入するのに五、六年はかかることを理解した。現在、全力で取り組んでいる。先日、最高軍事会議〔大本営・政府連絡会議か〕は、天皇の臨席を仰ぎ、空軍力と機動力の強化のための六年計画を採択した。三二億円の費用をかける。日本の工業だけで、それほどの物資をすべて製造できるわけではなく、かなりの部分は海外での調達によらねばならない。

一方、日本外交は、時は味方なりと確信するに至った。スペインの事件によって最高潮に達した。欧州危機は、東京の観測筋には、西洋の新たな大戦

コラム

# Ⅲ

## 妻カーチャへの手紙

ゾルゲの妻はカーチャ（エカチェリーナ・マクシーモヴァ）・アレクサンドロヴナ。1904年生まれで、ゾルゲとは1933年に結婚した。ゾルゲは中国での任務を終え、同年末に日本へと向かった。ソ連の海外諜報要員は３年程度で任地から帰国するようだったが、結局1941年10月の逮捕（44年11月の処刑）まで、35年夏に１カ月ほど帰国、妻と再会しただけに終わった。手紙はゾルゲ発信が34年１通、36年５通、37年０通、38年１通である。通例手紙は小包と同時に、外交クーリエに運んでもらう。36年が多いのはゾルゲが諜報活動で成果を挙げ、自信をもちはじめた時期であり、37年は諜報部門を含む粛清により、慎重にならざるをえなかった時期である。

・34年３月の手紙：「君のことをいつも考えるけど、やはり会いたい。一緒に何カ月も暮らしたい。こちらの暮らしは辛いが、心配しなくてよい。手紙を機関経由でください。手を握ってキスをする。10米ドル送るので、なにか買って。イカ。」

・36年４月の手紙：「やっと、君から喜ばしい知らせが届いて嬉しい。アパートの割当区画がよくなったとは。なにもかも君がやって、僕が手伝えないのが辛い。でも、愛する人がいると思えるだけでしあわせではないか。しかも、僕たち２人に、誰かが加わるし（カーチャ妊娠の知らせあり）。子供の名前についての約束を思い出してほしい。女の子なら君の名前からＫの１字をもらう。男の子の名前はまだ考えていないが、２つ用意しよう。今日赤子のためのプレゼントと小包も用意する。君のイカ。」

・36年４月以降の手紙：「家から悪い知らせを受け、すべてが想像していたこととまったく違うのを知った。以前の知らせによって『すべて順調』と思って、ごめんなさい（カーチャ流産が判明）。僕は、自分が老いたのではないかと悩んでいる（1895年生）。早く帰りたい、君の新しいアパートに帰りたいという気分に囚われている。どんな部屋か、（モスクワの）何地区か、君とそこでどう暮らしていくか、書いてください。」

・38年10月の手紙：来年には帰れるといいつつ、バイク事故の傷跡と歯の欠損を嘆いている。

なお、カーチャは1942年５月（ゾルゲ逮捕後）に工場を解雇され、国内流刑５年の刑を受けた。

は避けられないものと映る。日本はなんとしても、その戦争が勃発するまで国際問題の解決を先延ばしにしなくてはならない。日本は一九一四年から一八年の世界大戦で貴重な教訓をえた。戦争では遠くから眺めている者が勝つというのだ。日本を苦しめていた国々が互いの喉笛を掻き切ることに忙殺されている時に、日本は自分の正義を実現するのだ。

※引用者注：翌日の情報は割愛する。

## ゾルゲ情報の価値

すでにみたように、当初ゾルゲ諜報団に対するモスクワ本部（諜報総局）の評価は高くなかった。本部が入手したがっている日本軍の配置・兵員・兵器については、大使館駐在武官なら他国の武官との会話や軍事演習への招待、購入図書によって一定程度は知ることができたが、機密度が高いため民間人のアクセスは容易ではなかった。それでも、ゾルゲが尾崎の紹介で、大阪の鉄工所経営者で退役陸軍将校の篠塚虎雄を情報源としたことはこの弱点をカバーしようとする意欲の現れであった。

日独防共協定交渉について、ソ連は早くも一九三六年初めには情報をキャッチしていたが、その最初はオゲペウ外国部の在ベルリン・エージェントからであった。しかし、ゾルゲも来日したドイツ人実業家F・ハックから耳にし、オットからは日本陸軍参謀本部で知ったと伝えられており、ドイツ大使館で知りえた交渉経緯を系統的に、無線電信または伝書使経由でモスクワに報告した。

一九三六年六月一七日グルー局長のS・ウリツキーはK・ウォロシーロフに右文書を送付し、その二日後にスターリンにも送付した。このオット報告は、日本には長期戦に耐える原料備蓄がなく、財政状態が非常に悪く、工業が戦争の需要に応じられるほど発達していない点、また、日本の大都市が空爆に弱く、日本軍の技術的装備が欧州先進諸国に立ち遅れていることを指摘していた。つまり、日本に対する幻想を捨て、ドイツが協定締結によって軽々に義務を負わないよう警告したもので、実際ドイツ側は協定交渉に慎重になり、交渉のテンポが落ちたという。しかし、スターリンは報告に「ドイツ側からなされた情報操作だと思う」と書き込んだ。

当時スターリンの判断は絶対的であったが、ウリツキーはゾルゲ情報を総点検した後、信用できるとの結論を下し、七月二五日付ウォロシーロフ宛定期報告のなかで、こう書いた。「われわれは、駐日ドイツ大使館付陸軍武官の報告を東京のわが要員から受け取った。その信憑性は、ドイツ国防軍参謀本部から直接に入手した同種の文書によって確証された。しかも、このインフォーマント（情報提供者）から日独交渉の裏面を追加的に明らかにする郵便物を受け取ったところである」。

日独交渉のテンポが落ちはじめたことは「東京のわが要員の報告と、ベルリン・東京間交信を傍受、暗号解読した内容とが一致したこと」から明らかである。ウリツキーの分析によれば、日本は軍事同盟を結んでも、ドイツが援助する準備ができていなければ対ソ戦争を開始しても敗北するだけであり、ドイツとしては、一九三六年中はイギリスとの関係悪化も望んでいないのである。もちろん、ウリツキーはスターリンの判断を無視できなかったので、「情報操作の可能性も排除できない」とのただし書きも忘れてはいなかった。

ウリツキーがゾルゲの情報と分析をもっとも高く評価したのは二・二六事件で、七月二五日付ウォロシーロフ宛報告に示されている（M.A. k1, 376-381：この資料は獄中での記述と混在しているため、本文に入れざるをえない）。ウリツキーはゾルゲ論文をほとんど祖述しながら、絶賛した。反乱軍の主敵が高橋是清（政党政治家で健全財政派）であること、「皇道派」青年将校は荒木、眞崎をかついで軍部内閣を樹立しようとしたこと、彼らは「日本主義」（国体擁護）を掲げ、農村の疲弊を肌身で知るだけに財閥をとくに憎んでいたことを紹介している。反乱を鎮圧した陸相ら陸軍主流が、社会改革のポーズをとる期間だけ本格的な対外侵略は控えるため、それは三七年にもち越されるだろうこと、などである。論文はゾルゲの諜報要員としての出世作であり、本部としても、東京で自ら、または入手した素材でこれほどの諜報任務を果たすレジデントがいることを認めざるをえない。

むろん、ウリツキーは、ゾルゲにはH・ディルクセン、オット、また尾崎、宮城という協力者がいたことも指摘している。それでもゾルゲを高く評価していたことは、同年一二月、つまり日独防共協定締結が発表された後に、ゾルゲおよびクラウゼンの格別の働きを認め、両名に「赤星」勲章を授与するようウォロシーロフに申請した点でも明らかである。

ゾルゲはさらに、一九三七年四月二二日付ウリツキー宛報告で、ドイツ国防軍参謀本部の秘密経済報告のなかで、日本は鉄鋼不足で再軍備が遅れており、アルミニウムも輸入しなければならないと書かれていることを指摘した。五月三〇日付の報告では、ドイツの援助（技術支援）を受けた日本の航空機工業発展計画が採択されたとの情報をオットから入手したこと、同計画の主唱者は海軍次官の山本（五十六）であり、参謀本部（陸軍の誤り）航空本部長の渡辺（錠太郎）が以前に訪独して決定した経緯を指摘している。軍事情報にも相当詳しくなってきたことが窺い知れる。

しかし、「ラムザーイ作戦」を指揮するモスクワのグルー幹部がみなゾルゲに好意的だったわけではない。NKVD外国部レジデントB・グヂによれば、日本課長のM・ポクラードクは、自らが日本に二年間出張し、日本語も堪能で日本軍に関する著作もあるプロの軍諜報要員の誇りからか、ゾルゲの活動を素人的、好事家的とみて、あまり期待していないようだった。とはいえ、ウリツキー、A・アルトゥーゾフ、F・カーリン、ポクラードクのチームは一九三七年前半までは、なんとか「ラムザーイ作戦」を指導した。

（富田『戦間期の日ソ関係』二九三〜二九七）

**【資料⑧ア】M・シロートキン**（ポクラードク後任の日本課長）**のラムザーイ人物評価**（一九三六年三月）

ラムザーイは外見で損をしている。目を逸らし、しても、考えは浅い。自信家で、無遠慮でもある。他人の視線を避け、落ち着きがなく、物事に熱中は　私は一九三五年七月までに、幾度となくラムザーイ名の資料を受け取って検討した。その九〇パーセントはエージェント情報としてはほとんどなんの価値もない。
電信は「重要」「とくに重要」とあっても、よく検討してみると「たいしたこともない」情報である。日独交渉のようになにかしら重要だと銘打っても、その情報は「私とオット限り」というただし書き付きである。二月に「ラムザーイ」は、オットが自分の電報を暗号化させると知らせてきたが、内容のことは書いていない。たんなる自慢でなければ、オットがラムザーイを無条件で利用しているか、買収しているか、控えめにいっても惑わせているものと思われる。

**［資料⑧イ］本部によるラムザーイへの活動上の指示**（一九三六年五月一五日）

同志ラムザーイへ
貴兄の活動の最重要面は、以下の成否にかかっている。
a オット・グループにおける貴兄の地位の強化、オットとの個人的関係の進化。活動のこの部分に、われわれは特別な意義を与えている。貴兄が送ってくるオット商会の資料は、われわれには興味このうえない。むろん、オットとその家族には二重に警戒するよう注意を喚起する。いかなる場合でも、ナチ党員の活発な活動を過小評価してはならず、ドイツ人社会の個々のメンバーまで細かくチェックしなければならない。貴兄側によるオットや周辺の些細な失敗が、貴兄に対する疑念を呼び、信頼を揺るがすことになるからである。
それゆえ貴兄が特殊カメラを送ってほしいという要望には、おおいに不安を覚える。カメラに詳しくない人間でも、見ただけで小さな対象撮影用だと気づかれ、打撃になりかねないからである。貴兄がオット・グループ潜入に成功しても、オットに魅了されてはならない。貴兄は冷静に、神経を高ぶらせることなく、極秘任務であることを忘れず、自ら生み出した合法化への条件を強化しなくてはならない。

（中略）

われわれは篠塚や尾崎のもつ可能性について知りたい。篠塚がグラフ誌の一九三六年のバック・ナンバーを送れなくても、ぜひとも探してもらいたい。以前貴兄が挙げた各グループのなかには、次のような問題に強い関心を抱く者がいるだろうか。

a　日本人、とくに将校、ファシストに知り合いはいないか。願わくは、金融資本に反対する気分の、二月事件で大なり小なり弾圧された人々〔いわゆる青年将校〕に探りを入れられないだろうか。

b　オランダ人との個人的接触。「郵便受け」に召集令状を待っているベストな候補者。

c　尾崎と篠塚のような人物。外務省や軍人で新聞つながりがある人々。高級将校や急進ファシストのグループ。

d　宮城のような人物、または印刷工で、どこでも働き、賄賂でも印刷業に勤めたい人。

（以下略）

## 日本人エージェントの役割と貢献

**尾崎秀実**（コードネーム：オットー、インヴェスト）

尾崎は『朝日新聞』記者で、上海支局にいるとき、同じく上海のコミンテルン組織にいたゾルゲと知り合った（A・スメドレーの紹介）。ゾルゲは、尾崎のジャーナリストとしての能力を評価し（同業者ならわかる）、併せて高い学識にも感心していた（ゾルゲも博士）。東京に赴任するや、

尾崎秀実（1901〜44）。朝日新聞社提供

さっそく大阪本社にいた尾崎と連絡をつけ、奈良公園で会って協力者＝エージェントに仕立てた。

ゾルゲは「手記」で、尾崎から得た情報でもっとも重要だったのは「近衛グループ」からの情報だったと明かしている。近衛文麿はいうまでもなく公爵であり、一九三七年六月、四〇年七月、四一年七月と日中戦争期に三次も内閣を組織した。尾崎は第一次近衛内閣の嘱託だったが、近衛首相引退後は気楽な意見交換会＝「朝飯会」のメンバーだった。話題は三国同盟、阿部内閣成立、米内内閣成立、第二次近衛内閣の成立、近衛新体制運動、松岡外相訪欧、日ソ中立条約、ドイツの対ソ攻撃の有無、日米交渉など、その都度のリアルな政治的焦点だった。

第二の情報源は、尾崎が一九三九年六月以降、嘱託を務めた南満洲鉄道株式会社（満鉄）だった。満鉄調査部は、当時としてはソ連関係の最大かつ最良のシンクタンクである。共産党を偽装転向した伊藤律（ゾルゲを「売った」と戦後に汚名を着せられた、東京支社所属）や石堂清倫（調査部、新京本社）らがいた。尾崎は自ら調査部に報告書を寄せ、関東軍の移動と配置、輸送用貨車の時間表と変更なども調べた。尾崎は中国に関心が深く、次のような書籍を刊行した。

図1　ゾルゲのアジト

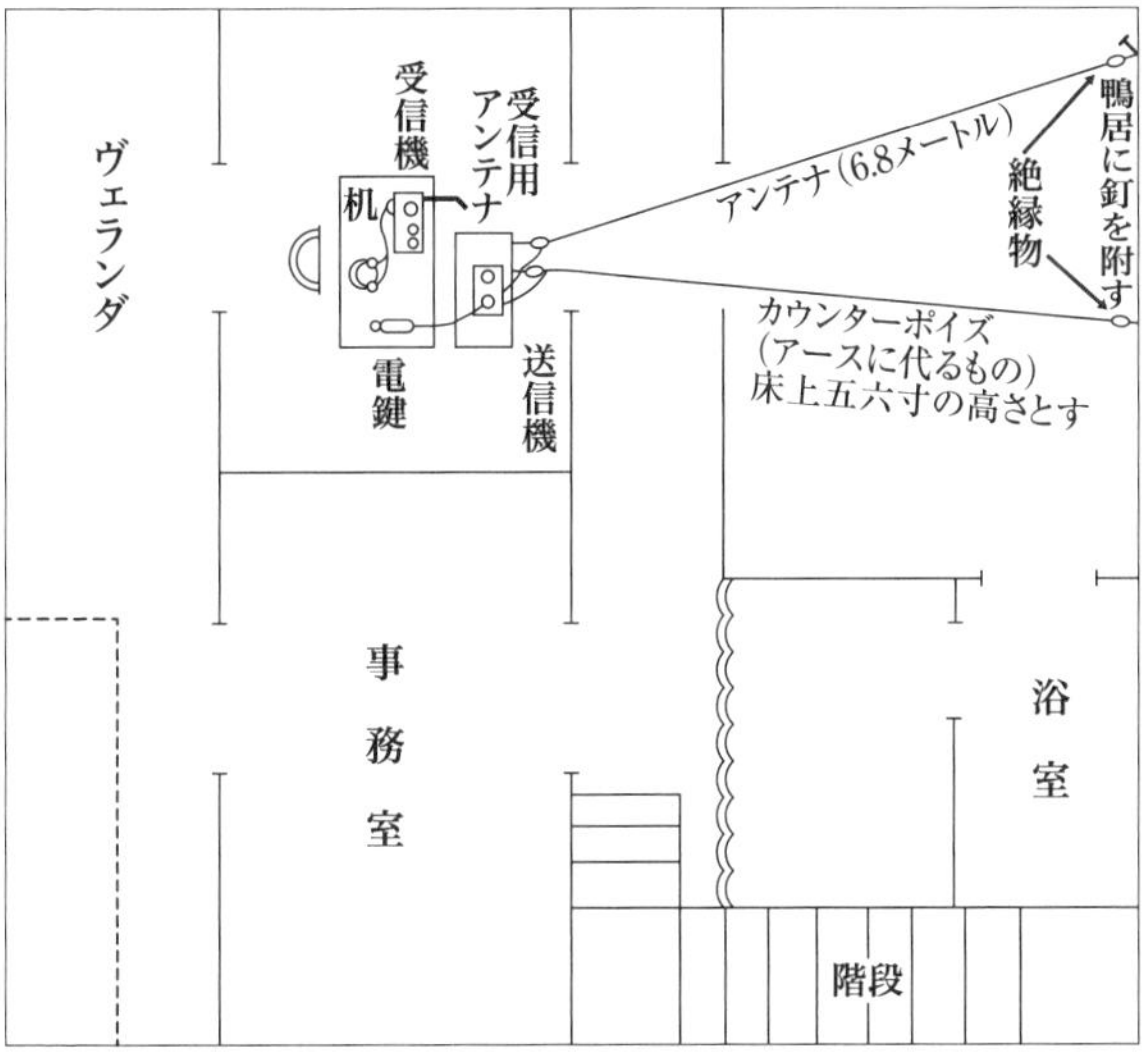


麻布区広尾町二番地所在
木造二階建　二階平面図

※『ゾルゲ事件１』掲載図をもとに作成

a 『嵐に立つ支那』（亜里書店、一九三七年）

b 『現代支那批判』（中央公論社、一九三八年）

c 『現代支那論』（岩波書店、一九三九年）

d 『支那社会経済論』（生活社、一九四〇年）

e 『亜細亜における列強の勢力』（中央公論社、一九四一年）

（『ゾルゲ事件2』三〇九）

**尾崎の上海人脈など**

尾崎の上海時代からの友人で、彼への情報提供者になった人物。

鬼頭銀一‥元アメリカ共産党員で、上海で知り合った。アメリカの新聞記者ジョンソンに会ってみないかとA・スメドレーに勧められた。実際には、彼女が引き合わせてくれたジョンソンがじつはゾルゲだった。

川合貞吉：上海通報社に勤務していたときに、中国人にスメドレーおよびゾルゲを紹介された。満洲情勢を視察する人としてリクルートされたが、満洲にも二回行き、ゾルゲ・グループに参加した。一年半ほど尾崎の前に姿を見せず、右翼団体と関係したということで「転向」とみられたが、尾崎との交友は続いた。

水野茂：東亜同文書院の学生だったが、反戦運動で退学処分を受けた。帰国して大原社会問題研究所に勤めながら、日本共産党再建運動に従事した。

山上正実：連合通信上海支局記者。尾崎が注目した人物で、帰国のさい、ゾルゲ、スメドレーと相談してコミンテルン上海日本人組織の責任者とした。

船越寿雄：一時は尾崎の後任と考えたが、諜報活動の経験もなく不向きだったので、山上に代えた。

篠塚虎雄：上海人脈ではないが、尾崎への情報提供者で、軍事情報を集めてもらった大阪の鉄工所経営者（元陸軍砲兵将校）。

**宮城与徳**（コードネーム：ジョー）

沖縄出身、カリフォルニアの画学校に学んだ画家で、元アメリカ共産党員。一九三三年、ゾルゲと同じ頃帰国した。画家に対する警戒心の低さ、好感を利用して旅行しながら情報を集めた。スケッチは写真の代わりになった。好奇心と知識欲から、町の酒場や料理屋でも「聴き上手」だったという。陸軍の大物、宇垣一成大将の秘書をしていた旧友から日本の政治・外交、首相人事に関する情報を得ていた。

宮城についての安田徳太郎の回想は比較的詳しく、信頼できる。安田は上京して開業していた青山一丁目の診療所に一九三五年一月、宮城が喀血で飛び込んできて知りあった。しかし、まったく無縁ではなく、翌年九津見房子が会いに来たとき、自分の妹の夫・高倉テルからの「共産主義者らしい」（当時の日本共産党は弾圧とスパイ査問事件で事実上解体）という情報を伝えられても、友人として付き合いはじめた。三六年の二・二六事件のときも宮城が話しに来た。一一月の日独防共協定締結のときに診療所に現れ、二カ月ばかり満洲に行っていたと話した。

三八年八月に宮城が来たときはノモンハン事件の話をした（回想では日本軍部隊は「全滅」）。安田は気さくで親切な医者として評判になっており、大使館員も往診や診療で知り合うようになった。なかでも医学を専攻した一等書記官アスコーフと親しくなったが、やがて姿を消した（秋田雨雀に関する回想に記されているが、彼の運命は知る由もなく、本国に召喚され、粛清された）。四〇年初めには宮城が「ドイツ大使館の友人が急性肺炎にかかった」と訴えてきた。大使館に医者がいるのに変だと思わなかったのか、その場は宮城に施薬を渡した（のちにゾルゲとわかった）。四一年八月には宮城が興奮して診療所に飛び込んできた。七月二日の御前会議の結論「南北並進」を尾崎から仕入れたのだろう、北方（ソ連）を攻めないとはいっていないのに「日ソ開戦を食い止めた」と喜んでいた。一〇月一〇日に一斉検挙に遭った。

（安田『思い出す人びと』二一一～二八四）

田口右源太：もと共産党員で、北海道に住み、北海道と樺太の、とくに軍事に関する情報を提供した。

小代《おだい》好信：宮城に主として軍事情報を伝えた。満洲から帰国したようで、東京と宇都宮の師団の情報には詳しかった。

**その他**

九津見房子：夫の三田村四郎は一九二〇年代半ばから労働運動家、共産主義者として活躍した。二八年の三・一五事件で検挙され、懲役一五年の刑を受け、佐野学・鍋山貞観の「転向」後は反コミンテルン派になった。九津見はなんとか働きながら活動し、安田は資金援助をした。

# 3 ソ連軍首脳部の粛清

## トゥハチェフスキー裁判

スターリンは独裁体制確立のため粛清裁判を行ったが、一九三六〜三八年にはレーニン時代からの主だった指導者も処刑した。

一九三六年八月のG・ジノヴィエフ、L・カーメネフら一六名を被告とした「合同本部」裁判は「見世物」裁判として実施され、全員が銃殺刑に処せられた。彼らが党・政府最高指導者をねらった「合同テロリスト本部」を組織し、最初に暗殺したのが、スターリンに次ぐ実力者S・キーロフ（一九三四年一二月）だったというわけである。

一九三七年一月のG・ピャタコーフ、K・ラデックら一七名を被告とする「並行本部」裁判も「見世物」裁判として実施され、同じく被告は銃殺刑に処せられた。「合同本部」裁判との違いは、罪状が戦争を挑発し、敗戦によって資本主義を復活させるとともに、ドイツにウクライナ、日本に沿海州およびアムール州を割譲するという「祖国への裏切り」に求められた点にある。一一月二五日に日独防共協定が締結され、スターリンが日独の挟撃に恐怖したことの反映である。欧州ではスペイン戦争が本格化しつつあったことも影を落としていたに相違ない。「合同本部」裁判後にG・ヤゴーダは弾圧が手ぬるいとして内務人民委員を罷免され、N・エジョーフが就任したことも、テロルを促進した。

二～三月、党中央委員会総会はN・ブハーリン、A・ルイコーフを党から除名したが、総会の議題が「日本＝ドイツ・トロツキストのエージェントの妨害活動、後方撹乱・スパイ活動の教訓」とされ、①重工業人民委員部について（モーロトフ）、②交通人民委員部について（L・カガノーヴィチ）、③内務人民委員部について（エジョーフ）が報告された点で異例である。全人民委員部での粛清の予告にほかならなかった。トロツキーもブハーリンもかつての政治路線の対立は無視され、一括して「人民の敵」「裏切り者」とされ、ブハーリン、ルイコーフは翌年三月ヤゴーダを含めて裁判にかけられ、大多数が銃殺されることになった。

三七年六月の「軍部陰謀」裁判の被告八名は、M・トゥハチェフスキー（国防人民委員代理、ソ連邦元帥）、A・コルク（フルンゼ軍事アカデミー総裁、二等軍司令官＝大将）、I・ヤキール（革命軍事会議委員、一等軍司令官＝上級大将）、I・ウボレーヴィチ（白ロシア軍管区司令官、一等軍司令官）、V・プートナ（日独英等の駐在武官、コムコル komanduishchii korpusom＝軍団長）、R・エイデマン（諸軍事アカデミー教官、コムコル）、V・プリマコーフ（レニングラード軍管区司令官代理、コムコル）、B・フェリドマン（モスクワ軍管区司令官代理、コムコル）、Y・ガマールニク（国防人民委員第一代理、一等コミッサール、裁判直前に自殺)。

一九三七〜三八年に逮捕、銃殺された将官は元帥五人中三人、一等軍司令官四人中二人、一等コミッサール(政治将官)二人中二人(一人は自殺)、二等軍司令官一二人中一二人、二等コミッサール一五人中一五人、軍団長六七人中六〇人といった規模で、犠牲者総数は四万人にもおよんだ。

この「軍部陰謀」裁判については、元NKVD幹部W・クリヴィツキーの著作『スターリン時代』に詳細な記述がある。ハーグを拠点として欧州全体のNKVD活動の責任者を務めていた彼は、一九三七年三月に一時的に帰国したが、こう記していた。「モスクワに着くと私は、恐怖の空気が政府の最上級の事務所にさえ漲《みなぎ》っているのに気がついた。粛清の範囲は国外で聞かされていた時よりも大きくこそあれ、けっして小さくはなかった。国内戦以来私の友人や仲間だった人々、参謀本部や赤軍のほかの部門の、鍛えられ信頼できる誠実な将校たちが次から次へと姿を消しつつあった」。

クリヴィツキーの記述には不正確な点や自己正当化もみられるが、この事件捏造のポイントとして、スターリンがドイツと結ぶために、その障害になる赤軍最高幹部を抹殺しようとしたこと、その際ゲシュタポが捏造した証拠をパリの白衛派の頭目H・スコーブリン将軍から入手したことを挙げている。その後トゥハチェフスキー裁判については多くの著作が出されたが、R・シュトレビンガー『赤軍大粛清』は、ナチス親衛隊保安部長官(R・ハイドリッヒ)が書類を偽造し（トゥハチェフスキーらによるスターリン排除の陰謀）、ベネシュ・チェコ大統領に渡るようにしくみ、ソ連に通報されたという説を有力とし、一九三六年一二月六日にスコーブリンがハイドリッヒに通報したとも記しているが、実証されていない（およそ不可能である）。

（クリヴィツキー『スターリン時代』一三七〜一五七、シュトレビンガー『赤軍大粛清』一四二〜一六二）

スターリンとウォロシーロフが一九二〇年ポーランド戦役の結果受けた屈辱感、後者が一九三〇〜三二年、三者の軍近代化をめぐるやり取りでスターリンがトゥハチェフスキーを支持したと思ったこと、その後は自分の代理が国防力強化の先頭に立った点も不満だったことはたしかである。トゥハチェフスキーの「縦深作戦」が一九三五年にキーエフで、三六年に白ロシアで行った演習で実施され、三六年「赤軍野戦教令」にも組みこまれ、ソ連軍はむろん欧州各国駐在武官を驚嘆させたことも、ウォロシーロフには妬ましかったのかもしれない（彼は「教令」採択を渋ったが、採択されたのは国防人民委員名である）。三六年後半から「人民の敵」内偵を進めていたエジョーフ（内務人民委員）にとって、トゥハチェフスキーらが党指導部の了解のもとで行い、赤軍強化に役立った対独軍事交流は「対独内通」に仕立てる絶好の口実となった。

トゥハチェフスキーは当然のことながら、スペイン戦争に重大な関心を寄せていた。一九三七年三月二六日に国防人民委員部の諸局部長に指示を出し、スペインにおける軍事行動と兵器使用に関する諜報総局文書を読み「兵科に応じて、この経験から得られる作戦＝戦術的、技術的、組織的な諸問題につき結論と提案を、四月五日までに提出すること」を求めた。この時点ではトゥハチェフスキーは、事実上拘束状態にあって、望みはかなわなかった。

彼はしかし、五月六日の『クラスナヤ・ズヴェズダ』（ＫＺ＝「赤い星」、国防人民委員部機関紙）に「新赤軍野戦教令について」と題して、こう書いた。「なによりも衝突しなければならなかったのは、赤軍の『特殊な』機動性なる理論、敵国やわが国の新しい軍備の学習にではなく、内戦の教訓のみに、……英雄的な内戦の気分に動かされた見解に則った議論である」と。明らかにウォロシーロフを批判した銃殺直前の人物の意見が掲載されたことは異例中の異例で、編集部の支持者が協力したとしか思えない。その後の経過に照らせば「死せるトゥハチェフスキー、生けるウォロシーロフを走らす」ともいうべき遺言だったのである。

（Rybalkin, 157-158; EZ, May 6, 1937）

この警告にもかかわらず、赤軍の機械化にブレーキがかけられ、騎兵部隊が一九三四〜三九年に五二パーセントも増強されるという時代錯誤的な措置が取られたのである。

なお、日本のモスクワ駐在武官甲谷《こうたに》悦雄大尉は三七年六月に「トゥハチェフスキー事件」の報告を日本外交協会で行ったが、ソ連側はそれを入手している。ウォロシーロフとトゥハチェフスキーとの軍近代化をめぐる権力闘争で（具体性に乏しい）、主導権はスターリンが握っているからソ連軍には大きな影響はないという月並みな内容である。駐在武官は厳しい監視下に置かれ、情報収集が困難なのはわかるが、たとえば独伊の駐在武官と情報・意見交換もできなかったのだろうか。

（Lubianka, 440-445）

## ブリュッヘル裁判

V・ブリュッヘル（一八九〇年生）は五元帥のなかでも年長で、ロシア革命参加者であり、中国北伐軍の軍事顧問、奉ソ戦争の指揮官を務め、その直後から「特別赤旗極東軍」総司令官の任にあって、スターリンも一目置く人物だった。一九三四～三六年にＯＧＰＵ、次いでＮＫＶＤがブリュッヘルを中傷する情報を見いだしたが、それは偽情報として処理された。同機関外国部には、「軍部党」や将来の「ロシア政府」など、在独エージェントなどからの情報が入ってきた。

三六年九月、一二月には在独エージェントから「ブリュッヘル元帥の陰謀参加」情報が伝えられた。赤軍のなかに現体制に対する不満が広まり、指導部にも浸透して、ドイツの思惑に応えるような将来計画を立てる者がいた。ブリュッヘルは満洲で顕著な役割を果たしていて、ドイツに同情的で、極東をロシアから分離してもよいという。この情報は九月二一日、三七年二月一四日に内務人民委員エジョーフに伝えられた。ブリュッヘルは三六年八月のプリマコーフ、プートナ逮捕にも不満だったようだが、軍人逮捕が本格的になると、その一部の再検討をスターリン、ウォロシーロフに求め、不興を買ったものとみられる。

ブリュッヘルの地位悪化は、一九三八年六月のＧ・リュシコーフの日本亡命で決定的となった。八月一日には張鼓峰事件（ハサン湖戦争）の報告にモスクワに呼ばれ、スターリンその人に、対応が悪く、手ぬるいと厳しく叱責された。「同志よ、正直に答えよ。日本軍と本気で戦う気はあるのか」「貴殿が朝鮮住民を爆撃するのを恐れること、航空機が雲のために自己の任務を果たせないのではと心配することが、私には理解できない。日本軍がわが軍を急襲している時に、朝鮮人が大事だとでもいうのか！」。スターリンは三七年八月に極東在住朝鮮人約一七万人を「日本への協力の疑い」で中央アジアに追放する命令を出したことがあるので、こうした無神経な発言も生まれるのであろう。三八年八月三一日には赤軍本部軍事会議が開催され、ハサン湖戦争におけるブリュッヘルの評価が国防人民委員命令として発令された。

こうして「特別赤旗極東軍」は、二個軍からなる極東方面軍に改組され、一〇月二二日にブリュッヘルは逮捕された。一九三七年後半から三八年にかけて極東赤軍の高級・古参の指揮官および政治部長が一二〇〇人、中級および若手の指揮官および政治部員が、反ソ分子として逮捕された。

(Mil'bakh, 103-155)

## ベールジンらグルー首脳部の粛清

一九三七年五月二一日、六月トゥハチェフスキー裁判準備の時期に、スターリンが第四本部の会議で「諜報本部は装置もろともドイツの手に落ちた」と発言すると、テロルはグルーをも容赦なく襲うことになった。七月二〇日のグルー秘密党会議では、ＮＫＶＤ機関に逮捕されたグルー幹部の除名が決定された。アルトゥーゾフはすでに一月にグルー本部長代理を罷免されていたが、カーリン、アレクサンドロフスキー（アルトゥーゾフ後任）らが除名され、ポクラードクは極東赤軍諜報部長に転出させられた。八月一日には、共産党政治局決定によりウリツキーがグルー本部長を罷免された（後任は代行コルガーノフを経て九月からゲンヂーン）。三七年後半にはゾルゲ召還、東京レジデントゥーラ解散の命令が出されたが、数カ月後には取り消され、ゾルゲ・グループは辛うじて活動を継続することができた。

この弾圧はスターリンその人に発していたが、これを先取りするようなグルー幹部による中傷が契機となり、雰囲気を醸し出したことは疑いない。たとえばポクラードクはゾルゲについて、駐日武官の時から、誰でも試行錯誤があり、誤りがあることを「素人のくせに」と見下す一方、本部直属でドイツ大使館にドイツ紙記者として頻繁に出入りし、得意のドイツ語と社交術によって第一級の情報を獲得してくることを妬んでいたに相違ない。既出の**資料②ウ**（58ページ）と後掲**資料⑨ア**（162ページ）がそれを示している。

と同時に、これはスペインで軍事顧問団長としてベールジン、ウリツキーが活動していた時期と合致する。ウォロシーロフがモスクワから口出しするのは、軍事顧問団長としては面白いはずがない。ベールジンは一九三六年一二月に「いかなる作戦も、カバリェロ（首相兼陸相）の許可なしに実施してはならない」と通知したが、ソ連共産党・赤軍幹部には「前衛党」＝エリート意識が強く、社民党をはじめ他党は従うべきだという発想が身に染みついていて、コミンテルンが「社民との協力」を打ち出しても「一時的なこと」と思い込んでいたようである。ベールジンは諜報のプロとして、ウォロシーロフらの傲慢と非礼は無用に敵を増やすだけだとわかっていたのだろう。（Rybalkin, 82-84）

さらに、少し遡るが、国防人民委員部がA・スヴェチーンを参謀本部アカデミー指導者に転職させようとしたとき、一九三六年五月一三日付ウォロシーロフ宛書簡で、諜報本部長ウリツキーが反対したことが挙げられる。スヴェチーンが西欧、極東双方の戦域に通暁しており、主要な諜報要員としてわかりやすい資料を提供し、また現に東プロイセンでエージェント徴募の活動をしているから、いわば現役として残そうとしたのだが、これは拒絶された（スヴェチーンは一九三一〜三二年に逮捕されたが釈放され、三七年七月に再び逮捕され、三九年八月に銃殺された）。（Russkii Vikipediia　露語版ウィキペディア）

ベールジン、ウリツキーはスペイン軍事顧問団長から召喚され、銃殺されることになる。また、ゾルゲ諜報団に対する中傷は、保護者のベールジン、ウリツキー失脚の後も続いた。諜報本部全体の粛清も止むことなく、三六五人が排除され、三二六人が採用されたが、その大多数が諜報活動の経験もなければ、教育も受けていなかった。一九三九年六月から一九四一年五月までに大変な尽力の結果、三二カ国に一一六のレジデントゥーラをもつようになり、九一四人が活動し、うち五九八人が非合法の諜報機関員とエージェントだった。独ソ戦争には辛うじてまにあったことになる（四〇年七月にベールジンから七代目の本部長にF・ゴーリコフが就任した）。

（*Rodina*, February, 26-30）

## 【資料⑨ア】ポクラードクのゾルゲ告発（一九三七年八月一七日）

※引用者注：ポクラードクは八月七日に極東赤軍諜報部長として勤務中のハバロフスクで逮捕された。

私は非合法トロツキスト団体のメンバーであり、日本〔陸軍〕参謀本部のエージェントである。トロツキスト団体にリクルートされたのは一九二八年末、赤軍軍事アカデミー東方学部聴講生のニヴィンスキーによってである。一九三〇年彼の推薦で訪日し、三二年夏まで歩兵第六一連隊の研修生だった。当時の駐在武官はＥ・プリマコーフで、注意深さ、柔軟性、親切さ、用意周到さなどを教えられ、課報業務に就くことにした。東京には当時プリマコーフに率いられた強固なトロツキスト団体が存在していた。

団体にはプリマコーフのほかロンム、パノーフ、ニジンスキー、クズミチョーフ、コンスタンチーノフらが加入していた。ラムザーイが上海で活動し、東京へ移動した一九三三年、ラデックに推薦されて赤軍諜報部に勤務したと聞いて、トロツキストではないかと疑った。プリマコーフの前任者はプートナだった。滞日中は無線通信、連絡術、赤軍の政治的・道徳的状態などの資料を用意し、はじめはプリマコーフに、彼が離日してからは第三大隊長のムギクラ、通訳のシマムラに教えた。（中略）

一九三二年に帰国すると、諜報総局第三部長のスマーギンに面会した〔彼は四年間、駐日武官を務めた〕。スマーギンは一九二〇年から日本のエージェントを務め、占領されたハバロフスクに暮らしていた。（中略）私は一九三七年四月に極東赤軍諜報部長として赴任すると、部長に推薦したカーリンもボゴヴォーイも含めて、全員が日本諜報機関に掌握されていた。（以下略）

**【資料⑨イ】ゾルゲの本部長**（諜報総局長）**への帰国願い**（一九三八年三月二六日）

昨年秋に私は自分から、戦争がいつはじまるか、一九三八年春か夏かがはっきりしないうちは日本に留まると書いた。私の資料と考察は以下のとおり。

ソ連との戦争は三八年春にも、夏にもはじまりそうにない。これを予見することは、人知を超えた問題である。そこでいまは、私の帰国準備について話したい。貴殿らは、満洲で進行中の事態につきオットとショルの助けを借りてもう少し検討し続けてほしいという。オットは、満洲視察に私を同行させることを望み、その方が立派な成果が得られると思う。しかし、私は四月までは東京で忙しく、これ以上待てない。

そこでこれ以上戦争の危険が増さないという条件で、来年春には帰国させていただきたい。尊敬する本部長、原則的に同意していただきたい。私はここで五年間も働き、家族を故国に置く辛い条件下で働いてきた。もうこれ以上は続けられない。私はもう若くはないし、定期的な療養が必要だ。（以下略）

# 4章

# 独ソ開戦・日本の北進をめぐる攻防

## ソ連の国益中心外交・同盟関係とゾルゲ諜報団最後の貢献(独ソ戦情報)

モスクワのクレムリンで日ソ中立条約の調印に臨む松岡洋右外相。その後方にスターリン、左隣はモーロトフ(1941年4月13日。朝日新聞社提供)

# 1 張鼓峰事件とノモンハン戦争

## 張鼓峰事件

張鼓峰事件は、一九三八年七〜八月にソ連・満洲の境界にある張鼓峰で起きた日ソ間の軍事衝突で、ソ連側には近くにハサン湖があるので「ハサン湖戦争」とも呼ばれている。満洲と朝鮮との間に図們江《とまんこう》(豆満江)が流れ、満洲の領域がソ朝間を細長く南に突出した地域である。ソ満国境は一九世紀後半の二つの協定に定められたが、突出部が満洲国領になったのが一九三八年であり、しかも住民の多数は朝鮮系という複雑な事情があった。

事件の発端は、七月九日にソ連側兵士三〇人が張鼓峰を占拠したことで、日本外務省はただちにモスクワのソ連政府に撤退を求めたが、ソ連側は領内だから撤退しないと返答した。関東軍は管轄の朝鮮軍がただちに対応しないのをみて「自分たちがやる」と息巻き、これに呼応して参謀本部の稲田正純作戦課長は「威力偵察」を提案した。これは一九日の五相(首相、外相、陸相、海相、蔵相)会議で承認され、朝鮮軍第一九師団長(尾高《すえたか》亀蔵中将)が部隊の現地集結を命じ、二一日には張鼓峰夜襲を決定した。

ところが、板垣征四郎陸相が昭和天皇の裁可を求めると、面会の場で叱責された。前代未聞のことだが、解決は例のごとく曖昧で、尾高は張鼓峰北部に位置する沙草峰にいた部隊がソ連軍に駆逐されたことから、それを掃討するために張鼓峰を攻撃するよう独断で命令した。事態の辻褄合わせのため、三一日に多田峻参謀次長が天皇に面会し、天皇から「済んだことはやむをえない」と夜襲を追認してもらった。他方ソ連側は、国防人民委員K・ウォロシーロフが極東赤軍司令官V・ブリュッヘルに「侵入者殲滅」を命じ、G・シュテルン大将が第三九軍団（狙撃三個師団プラス機械化一個旅団）長として指揮にあたることになった。

朝鮮軍は航空機も銃砲を装備せず（威力偵察なら当然）、歩兵一個師団だけでは銃砲と航空機のソ連軍に勝てるはずがなかった。尾高はソ連領に侵入しての側面攻撃を上申したが、却下された。参謀本部と陸軍省の一部からは撤退論が唱えられるようになった。八月四日M・リトヴィーノフ外務人民委員と東郷茂徳駐ソ大使による会談がもたれたが、ソ連側の攻撃は激化し、日本側の歩兵第七五連隊の損耗率が五一パーセントに達し、前線の兵士の指揮も低下してきた。八月一一日に、一〇日の進出線を停戦ラインとすることで決着した。朝鮮軍は実際には部隊を図們江西岸まで撤退させた。関東軍は、朝鮮軍から張鼓峰付近の突出部の管轄を移すことに成功した。

この戦争には日本軍六八一四名、ソ連軍二万二九五〇名が参加し、戦死者はそれぞれ五二六名、八六〇名、戦傷者は九一四名、二七五二名だった。

（秦『明と暗のノモンハン戦史』第一章「前史」、笠原『日ソ張鼓峯事件史』第二〜四章）

※なお、張鼓峰事件の直後、八月二六日の孫科立法院長とルガネッツ＝オレリスキー駐華大使が両国関係に関して会談した。ソ連が日中戦争で中国側に参戦する条件は、①国際連盟が侵略者（日本）に制裁を科す、②英米仏ソが協議して、日本に対する断乎たる行動に出る、③日本がソ連を攻撃する、の三つのいずれかだという。孫科は、最初の二条件は欧州情勢からみて実現不可能、第三は見込み薄と述べたが、張鼓峰事件に触れ、中ソが友好関係にあれば満洲事変の時とは異なって防げたかもしれないと愚痴のように語っている。この会談については麻田雅文も触れているが、ソ連側三条件は九月八日にB・ストモニャコーフ外務人民委員代理が大使に蔣介石に明示するよう求めたと、若干の違いがある。

（Russko-kitaiskie otnosheniia, 285、麻田『蔣介石の書簡外交』上　九七〜九八）

## リュシコーフ亡命事件

一九三八年六月、ソ連NKVD極東本部長のG・リュシコーフが五月二六日の党政治局決定「NKVD中央装置への召喚」に身の危険を感じ、日本亡命を求めて満洲国に越境し、拘束された。この年の一月初めに女優の岡田嘉子が、ソ連演劇に傾倒していた演出家の杉本良吉とともに、北緯五〇度線を越えて入ソした後だけに、大事件として評判になった。片やソ連に傾倒し、片やソ連に失望した亡命事件として、じつに対照的である。むろん、日本の諜報機関としてはソ連諜報機関トップクラスの人物から、ソ連の内情、対日戦争準備を聴き出せる絶好の機会だった。リュシコーフの事情聴取、取り調べをリードしたのは、ドイツ国防軍防諜部長W・カナーリスの特使O・グレイリングだった（なぜ日本側が主導しなかったのか、ドイツへの遠慮があったのか、不可思議である）。

ゾルゲは特別記者会見（**資料⑩ア**、171ページ）に参加したが、取り調べ秘密報告書をオットト大使に見せてもらい、写しをモスクワ諜報本部に打電して知らせた。諜報本部にとっては、亡命の動機やスターリン体制批判はどうでもよく（なんであれ反逆罪）、ソ連極東の軍の配置と規模を知られることを恐れ、ほかならぬリュシコーフが派遣されて実施した極東赤軍第四部（諜報部）粛清の進行状況と国境紛争の可能性の有無を知りたかったはずである。しかし、右秘密報告書に本書の著者はアクセスしていない。（田嶋「リュシコフ・リスナー・ゾルゲ」）

西野辰吉によれば、本人は牛込赤城町の広めの住居に、憲兵四名の監視下で家政婦付きで暮らしていた。参謀本部ソ連班の管轄下で、最初の連絡員が高谷覚蔵（ソ連での収容所暮らしから逃れてきた元日本共産党シンパ）だった。リュシコーフ（偽名マールトフ）はソ連内幕ものの執筆に専念し、『改造』誌の三九年五月号に「第十八回共産党大会批判」、同七月号に「ソ連農業問題の批判」、同九月号に「極東赤軍論」、同一二月号に「ソ連の対欧進出批判」を書いた。うち「ソ連農業問題の批判」は、リュシコーフがウクライナ共和国内務人民委員代理、連邦内務人民委員部北カフカース地方本部長を務め、農業集団化の強行、苛酷な穀物調達の結果としての飢饉を知り尽くしていて、しかも内外に情報統制が敷かれていたから、少なからぬ衝撃を与えた。

（西野『謎の亡命者リュシコーフ』第一部＝評伝）

また、「極東赤軍論」で挙げられた大半の事件と逮捕は、リュシコーフが内務人民委員部極東本部長に就任し、とくに一九三八年五月にＬ・メーフリス（赤軍政治本部長、Ｙ・ガマールニクの後任）、Ｍ・フリノフスキー（内務人民委員代理）が極東に乗り込んで粛軍、諜報機関粛清をはじめてからのものである。シュテルンはスペイン従軍からの帰国後に極東赤軍司令官に任命されたが、リュシコーフに司令部メンバーに任命された四九人のリストを渡し、点検を依頼した。一部の師団長は、張鼓峰事件の直前に逮捕された。シュテルンはとくに、兵站部門の不備の個人的責任を、ＮＫＶＤ特務部を引き入れて解決するよう指示した。張鼓峰戦中に第一赤旗軍軍事法廷で有罪判決を受けた軍人は、最高刑＝銃殺刑五八パーセント、自由剝奪一〇〜一五年二三パーセントにおよんだ。

（Mil'bach,144-147, 191-195）

こうした粛清は、陰謀家が早くから仕組んでいたという筋書きにされるのが常である。ブリュッヘルは、第八回ソヴィエト大会（いわゆるスターリン憲法を採択した大会）時に集まった極東の党・行政・軍幹部の秘密会合で、「飲酒癖と軍務放棄」と専横を批判され、罷免で一致し、それがブリュッヘルの三八年九月の罷免を頂点とする極東赤軍粛清の嚆矢だったという（共産党地方委員会書記Ｌ・ラヴレンチェフ、地方ソヴィエト執行委員会議長Ｇ・クルートフ、極東赤軍政治部長Ｌ・アロンシュタームがガマールニク宅で会合したという）。

（Mil'bach, 109-110）

**［資料⑩ア］リュシコーフの特別記者会見「外国記者にソ連を語る」**

（ラムザーイから本部へ、一九三八年七月一三日）

六月一三日午前五時三〇分、ソ連内務人民委員部極東全権代表のリュシコーフ将軍が、満洲国官憲に付き添われて満洲国領内、琿春東部に逃亡した。

七月一日東京の陸軍省は、リュシコーフ将軍の逃亡につき公式コミュニケを発表した。「内務人民委員部極東全権代表、三等国家保安コミッサールのリュシコーフ、ゲンリッヒ・サモイロヴィチは、現在ソ連で進行している大規模粛清の危険がおよぶことを恐れて、満洲国境を越えて、日本に亡命を申請しようとした。彼は六月一三日午前五時三〇分、琿春東方で満洲国国境警備隊に投降した。国境警備隊巡視哨に連行され、護衛をつけられた。

各紙には将軍の発言が掲載され、ロシアではいまなにが進行しているかが説明されている。われわれにも興味深いので、日本の読者に提供したい。

将軍がまず語ったのは、自分がいかにしてＮＫＶＤ極東本部長の地位を投げ打ったのか、である。満洲国に逃亡し、しばらく隠れてから日本に向かうつもりだった。ハバロフスクでも身の安全をはかれないと考えた。極東ソ連軍〔特別赤旗極東軍〕総司令官ブリュッヘルの青年将校たちから「復讐」〔ボスを死刑に追いやった自分に対する〕されると思ったからである。日本に逃亡したのは地理的な事情からだが、ほかに選択肢がなかったからである。

リュシコーフは続けた。「私は以前、日本に亡命しようとは思わなかった。ここに来て、政治的亡命者に対して寛大に接してくれる国でよかったと喜んでいる。こうしたケースは歴史上幾度もあった。さまざまな国が、ロシア人の政治的亡命者を歓待してくれた。ボリシェヴィキ指導者で外国に隠れた者は多かった。革命前のレーニンが典型例だった。彼は資本主義諸国を移り住み、資本主義諸国による物質的援助を受けた。

私はたしかに裏切り者だ。しかし、裏切った相手はスターリンであって、国や人民ではない。私の亡命の基本的な動機は、ソ連における共産党の基本律ではなくなったからである」。

七月一三日東京で、将軍は初めて日本のジャーナリスト、外国人特派員が出席する会合で、一時間ばかりインタヴューに応じた。われわれは可能なかぎりもっとも興味深い質疑応答を紹介する。

Q　いかなる動機で満洲に逃亡し、日本に来られたのか。

A　危険が身に迫っていると感じたからだ。それが逃亡の直接の理由だ。

私はモスクワから、別の任務に移すとから首都に戻るようにという電報を受け取った。これに先立って共産党極東地方委員会第一書記〔原文は共産党極東中央委員会書記長〕のスタセーヴィチ、極東ソヴィエト執行委員会議長〔原文は共産党執行委員会議長〕のL-ov《ママ》らがスターリンに召喚され、モスクワで逮捕された。自分とともに活動した友人も召喚され、逮捕された。軍司令官たちも同じだった。私は、次は自分の番だと直感した。だから、私は逃亡した。逃亡の主因は私がスターリンの政策に反対したからだ。この政策はソ連邦を自滅に導くと確信したからだ。私は満洲国に逃げ、ポシエト付近でウスリー江から南下した。付近を視察するという公式命令書をもっていたからである。

Q　（W・H・チェンバレン『クリスチャン・サイエンス・モニター』紙特派員、東京・モスクワ在勤歴あり）ソ連では、反動派陰謀の裁判で被告からどのように供述を得るのか。

A　自分もレニングラードやモスクワで裁判を経験したので、詳細まで知っている。モスクワには特別な監獄があって、政治囚は従来「第三段階」までの拷問を受け、起訴状の内容を認めるまで続けられる。

Q　（『デーリー・メール』紙ヴェレ・レドマン）もう少し詳しく願います。

A　被告が自白するのには、三つの理由がある。第一に、被告が臆病で、裁判前から暴力を恐れている場合。第二に、監獄で恐ろしい拷問を受ける場合。第三に、政府が親族、友人を迫害すると脅迫する場合。

今年三月N・クレスチンスキー〔レーニンの片腕、国家の要職を務めた〕は、モスクワで裁判〔ブハーリン裁判〕を受け、当初の無実だという供述に戻ろうとした。しかし、監獄に帰ると拷問を受け、法廷で有罪を認めた。

処刑された著名な活動家も、人民をスターリンに反対する運動に引き入れる経験がなかった。反対運動はあったが、指導者に駆け引きなどの能力が欠けていた。その結果運動は広がることも、成果を挙げることもなかった。

Q（オーストラリア記者協会のP・ワイティング）赤軍の士気はどうか。部隊は上官に、給食や兵営に満足しているのか。

A　陸軍の軍団、師団、連隊の将校、指揮官の多数が逮捕された。ロシア内戦に積極的に参加した者もいたが、そのうちもはや重要な任務に就いている者はわずかしか残っていない。最近の粛清は強力かつ広範で、被逮捕者は住民を含めて一〇〇万人におよぶかもしれない。住民と軍隊の結びつきは緊密で、政府に対して住民も将兵もおおいに不満を抱いている。

極東に配備された将校は、家族と一緒に小さなペチカの周りで暮らしており、こうした劣悪な生活条件は部隊の指揮に影響せざるをえない。弾薬も食糧も不定期にしか届けられない。これらは欧州部〔ウラル山脈以西〕から配給され、列車の遅滞ないし停止に大きく左右される。

Q（チェンバレン）スターリンに対するなんらかの抵抗運動は起こらないのか、どこから、どの階級から生まれないものか。

A　反スターリン運動がどこで盛んか、どこで生まれたばかりかは言えないが、不満分子が増えていることはたしかだ。被逮捕者は増え、監獄はもはや収容しきれない。強制収容所〔kontslager'〕はソ連全土に三〇ほどあり、うち五カ所が極東に存在している。

政府や軍で重要ポストを占めている責任者のうち、一万人は逮捕された。反スターリン運動は正確にはわからないが、ソ連社会に強力な反スターリンの気分が感じられることだけはたしかだ。

Q　リュシコーフ将軍は反スターリン主義者、反マルクス主義者なのか。

A　スターリンには反対で憎んでいるが、祖国は愛している。マルクス主義への態度は語らない。

今日ソヴィエト体制は、プロレタリアート独裁を恣意的に滅ぼしたスターリン個人独裁下にある。共産党ももはや存在していないといえる。スターリンは、多数の逮捕をみてもわかるように、共産党組織を破壊し、いまや支持を得るため青年に支援を訴えている。彼らに性急に仕事を与え、職務上の昇進もさせている。

Q　ブリュッヘル元帥とスターリンの関係はいまどうなっているのか。いわれているように、本当に対立しているのか。

A　関係は友好的にみえる。スターリンは、いまはブリュッヘルと仲良くしているが、今後も続くかどうかはわからない。私はおおいに疑わしく思っている。この問題に立ち入りたくない。

Q（ドイツのジャーナリスト、イワンが立ち入ると）

A　関係は、独裁者〔スターリン〕からみると、元帥は国防人民委員ウォロシーロフのライバルだからだ。自分はブリュッヘルの監視を命ぜられた。このことから、変化は避けられないと思った。〔スターリンの〕後継者はウォロシーロフとモーロトフだ。

Q　赤軍は、ヨーロッパと極東で同時に戦争に入れるか。

A　スターリンは、戦争の助けで、全ソ連が軍事的緊張下に置かれることにより、現在の苦境を脱出しようとしている。起こりうる戦争に備えるには、広範な動員が必要になる。赤軍は三〇〇万人以上の将兵を動員し、一〇〇個師団に編成される。航空機一〇〇〇機、戦車一〇〇〇両も戦闘体制に入る。政府は弾薬増産に可能なあらゆる措置をとる。

国の関心を戦争に向ける考えは、ソ連内政が軍事的緊張下にあるからだ。スターリンの政策は、悪い意味で決定論的である。ソヴィエト国家はいま危険な状態にある。ソ連から先制攻撃するかは確信をもっては語れない。極東は、かなりの戦力が集中し、この軍だけは開戦できる戦力を備えている。

Q　ソヴィエト・ロシアはどのように中国を支援するのか。

A　中国は、スターリンの中国政策が日本との侵略戦争のうえでもっとも強力なテコであることを弁えている。言いかえれば、スターリンの政策は、中国を日本に対して利用するものだが、中国〔蔣介石〕は日本の軍事力を落とし、全中国を自分の支配下に置きたい。この戦争は、ロシアが中国に航空機や砲弾、司令官と現場指導員を派遣するものである。

同時にスターリンは、日中の戦争を、弾薬生産を点検する現場として用いている。

Q　ソ連人は基本的に日本をどう考え、いかに抗日プロパガンダを進めるのか。

A　スターリンは国を戦争に導いており、日本に部隊をソ連領に出兵させるよう仕向けている。反日プロパガンダを巧みに反日ヒステリーに仕立てている。政府はこの事態を利用し、工業の失敗を、赤軍の戦争準備を妨害しようとする日本エージェントの侵入のせいにしている。

弾薬生産の不調も、日本人の活動の結果だとされる。ガマールニク〔赤軍政治本部長〕に対する裁判で、党中央委員会書記〔不明〕が極東における赤軍に対する陰謀の共犯者と〔二人とも日本のエージェントだったと〕告発された。この告発も、ソ連人民の反日気分を焚きつけるためのスターリンの思いつきだった。一九三八年三月のモスクワ

裁判では、赤軍に対する日本人の内密の陰謀が暴露され、これも同類だった。（以下三行余り割愛）

このようにソヴィエト・ロシア、というかスターリニストは、住民の間に反日感情を育成することに全力を挙げている。

われわれは、以上の質疑応答をコメントなしで公表する。読者に自分の頭で考えてもらいたいからである。読者は、彼の地でも此の地でもエージェントが反日キャンペーンを繰り広げていることを知る。

ソ連政府は、日本に逃亡したリュシコーフ将軍が偽物だと表明した。しかし、将軍は身分証明書を携行しており、本人を特定できる真正の証明書である。

質疑応答は文字に表現されるが、写真もあり、映画カメラとマイクロフォンが映像と音声を残していることを付言する。

※引用者注：『日本の友の会』の情報ビュレティン＝仏語より。

# ノモンハン戦争とソ連・フィンランド戦争

## ノモンハン戦争

一九三九年五〜九月にソ満国境のハルハ河東岸で起こった日ソ間の軍事衝突は、日本では将軍廟の名をとってノモンハン事件と呼ばれたが、ソ連ではハルハ河戦争と呼ばれた。それは戦車や航空機を数多く用いた点でも、第二次世界大戦の序曲になったという意味でも、スペイン戦争（三月に終結）と並び称せられる。日ソ間には（同盟国の満洲国、モンゴル人民共和国間でも）国境紛争が頻繁に起こったが、そのうちもっとも大規模なものである。

　きっかけは五月一一～一二日、モンゴル軍が国境を越えて満洲側に入ったことから生じた小競り合いである。この付近の管轄は、関東軍第二三師団（師団長は小松原道太郎中将）だった。四月に関東軍が示達した「満ソ国境紛争処理要項」に記された「一時的にソ領に侵入するも可」を拡大解釈した第二三師団は、隷下部隊を越境攻撃させた。同時に、戦争拡大をもたらしかねないと大本営が禁じた北方のタムスク基地爆撃を敢行した。関東軍参謀辻政信の独走の結果だが、ほかの幕僚のなかにも同調する者が少なくなかった。なお、七月二〇日の『読売新聞』には、外国人記者の一人として現地取材を許されたヴーケリッチのインタヴューが掲載され、一〇日の日ソ航空戦闘の様子が、むろん日本軍優勢のように紹介された。

　日満軍の先制攻撃に、ソ蒙軍も対応できず、国境線から後退した。国防人民委員部は、白ロシア軍管区からG・ジューコフを呼んで第五七特別軍団長に任じ、狙撃三個師団、戦車二個旅団、装甲車三個旅団、砲兵四個旅団、飛行六個連隊を送り込んだ。追加を含めた兵力は五万二〇〇〇人におよび、戦車・装甲車は八二三両に達した。モンゴル内部にはすでに鉄道がタムスクまで敷設されており、兵站ではハイラル師団本部からトラック、馬車で輸送する関東軍に優っていた。早くも七月初めにはハルハ河東岸で関東軍は後退を余儀なくされ、東岸の台地では初めての戦車戦となった（ソ連軍はシュテルンが指揮、数十両ずつの戦車戦）。いったんはハルハ河西岸に（渡河設備の不足で）苦心して進出した第二三師団は、高地からの砲撃に晒され、東岸への撤退を余儀なくされた。ちなみに口径一〇〇ミリ以上の重砲は、ソ連七六門に対し、日本は三八門しかなかった。

この辺りが戦争の潮目で、八月に入るとソ蒙軍の航空機、戦車も繰り出した攻勢が目立ってきた。大本営は、第二三師団の上位に第一、第三、第四軍と並ぶ第六軍（荻洲立兵《おぎすりっぺい》中将）を新たに編成したものの、将兵は戦力が半減した第二三師団を補強するものとはいえなかった。関東軍部隊は、北方のフイ高地、中央のホルステン川北岸および南岸に展開していたが、フイ高地の井置《いおき》支隊（一個大隊程度、支隊長は井置栄一中佐）は激戦の末に、やむなく撤退した（二四日、井置は陣地放棄の廉で自決させられた）。ホルステン川南岸ノロ高地の長谷部支隊（約一五〇〇名、支隊長は長谷部理叡大佐）は、火炎放射戦車による掩体壕・退避壕への攻撃などにより死傷率七割を超え、これも撤退を余儀なくされた（二七日、長谷部も同様に自決させられた）。レーミゾフ（七七三）高地付近には関東軍の砲兵団（砲兵四個連隊）が陣取っていたが、歩兵の撤退によりほぼ壊滅させられた（二八日、連隊長三人が戦死）。

第二三師団の将兵死傷率七割超えという前代未聞の敗北にもかかわらず、関東軍首脳は継戦を唱えたが、大本営とのやり取りの末ようやく停戦となった。V・モーロトフ外務人民委員と東郷茂徳駐ソ大使との間で停戦協定が結ばれ、国境確定は別途委員会に任せられた。関東軍の植田謙吉司令官（大将）、磯谷廉介参謀長（中将）、荻洲第六軍司令官、小松原第二三師団長は予備役に回された。辻参謀は責任を問われず、「自決」措置の是非を問う軍法会議も開かれなかっ

図2　ノモンハン戦争における両軍の部隊配置（8月20日～28日）

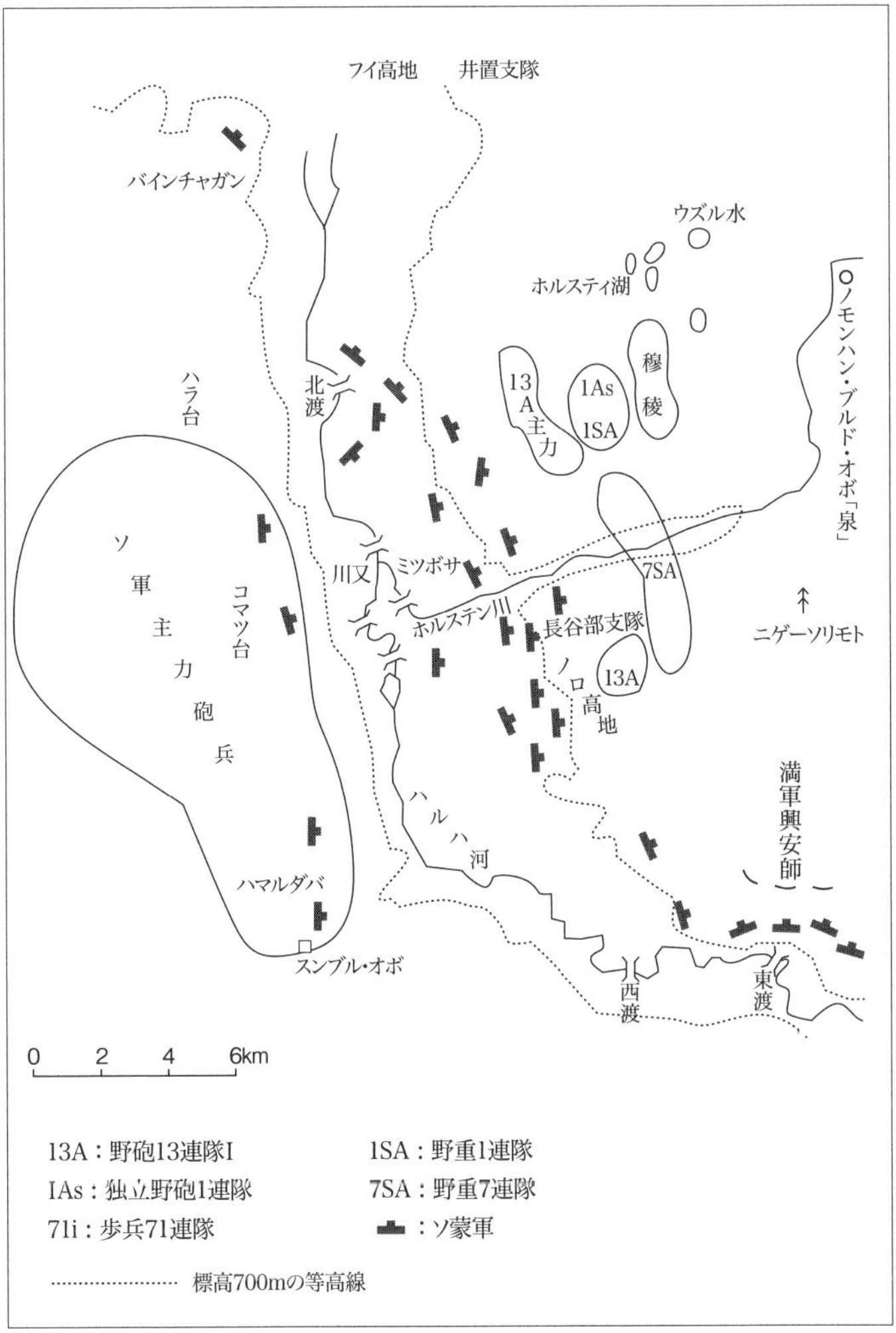


※秦郁彦『明と暗のノモンハン戦争』掲載図をもとに作成

た。なお、日ソ両軍の損失は戦死・不明合わせて九〇〇〇名ずつだが、一九三九年のジューコフ報告書では日本側二万二〇〇〇名以上と誇張され、ペレストロイカ後に修正された。問題は、陸軍が事件後に聞いた研究会の報告書をまとめた小沼治夫中佐による「大砲依存」「航空の弱さ」「兵站の弱さ」という指摘を認めながら、結局は「精神主義」に立ち戻った点にある。

（秦『明と暗のノモンハン戦史』第一～五章、富田『日ソ戦争　1945年8月』五四～五七）

## ソ連・フィンランド戦争

ソ連・フィンランド戦争は、一九三九～四〇年の第一次戦争（冬戦争）と四一～四四年の第二次戦争（継続戦争）に分けられる。同じソ連との戦争でも、後者はフィンランドが枢軸側についた戦争という違いがある。また、前者はソ連が独ソ不可侵条約締結後に自国の安全保障を理由に領土を併合したという点で、ポーランド西部やバルト三国のケースと共通している。冬戦争がやや遅れて一一月末にはじまったのは、ソ連との和平交渉が長引いただけのことである。

さて、両国交渉は四回にわたって行われたが、形式上は領土交換でも、ラドガ湖北方の一部を譲渡するから、カレリア地峡国境線を北方に後退させ、フィンランド湾の入り口のハンコ岬（ヘルシンキ近郊）を三〇年間租借させよ、など、ソ連、とくにレニングラード州の安全保障を優先したものだった。交渉はソ連側要求に多少の変更はあるものの、フィンランドには受け入れ難く、一一月初めに決裂して戦争に入った。

ソ連は、フィンランドなど三カ月で降伏させられると考えたらしく、準備不十分で、ウォロシーロフのような古参軍人だが無能な元帥や、L・メーフリスのような将校目付けの元締め（赤軍政治総本部長）が司令部の中心だった。兵員数はソ連侵攻軍四〇万に対し、フィンランド軍は三〇万余だった。兵器はソ連軍が航空機や戦車を備え近代化された軍隊だったのに対し、フィンランド軍はそれらを欠いたうえに火砲や対戦車砲、機関銃などが少なかった。

この戦争では、マンネルハイム線（第一次世界大戦時の英雄K・マンネルハイムに由来。元帥として対ソ抵抗戦争の指揮をとった）というカレリア地峡に築いた要塞が役立った。気候（極寒）や地形（森林）などを熟知し、順応している方が、冬場の降雪と森林により、航空機と戦車が自由に使えない大軍を立ち往生させた。侵略された側が愛国心に燃えて戦うので、ソ連軍はかなり苦戦した。しかも、ソ連はフィンランドの現政権を降伏させて、フィン人共産主義者でコミンテルン指導者のO・クーシネンを首班とする傀儡政権を樹立しようとしたから、よけい反発を買った。

この戦争に対しては、フィンランド側に近隣諸国からスペイン戦争のときと同じく義勇兵が参加した（スウェーデン八六八〇人、オランダ九四四人、ノルウェー六五三人、ハンガリー三四六人など）。イギリス、フランスはミュンヘン会談の対独宥和の結果、チェコスロヴァキアは解体され、ポーランドやフィンランドにも英仏とドイツのいずれにつく方が有利かという日和見《ひよりみ》外交を許したが、ここはフィンランド支持でいくほかなかった。国際連盟でソ連除名決議をリードし（三九年一二月）、フィンランドへの武器供与を行い、さらには出兵のためノルウェー、スウェーデンに領内通過を認めてほしいと要請するに至った。

ソ連政府・軍部首脳は、一一月半ばすぎから長期間の会議で今後の方針を検討した。フィンランド国境に配備されるソ連軍は一二月に四〇万人、火砲一九一五門、戦車一五〇〇両、戦闘機一〇〇〇機、このほかバルト艦隊に三八三機が配備されていた。最高司令部は総司令官ヴォロシーロフ、スターリン、N・クズネツォーフ（海軍人民委員）、B・シャーポシニコフ（参謀総長）で、スターリン自らが加わった点に決意のほどが感じられる。

一一月三〇日レニングラード軍管区司令官K・メーレツコフが命令を発して、戦争が再開された。フィンランド軍は大きな兵力格差のもとで、スキー部隊が森林地帯でゲリラ狙撃手として活躍し、戦車には火炎瓶で立ち向かうなど奮闘したが、カレリア地峡の要塞を突破され、翌年三月一二日に降伏せざるをえなくなった。割譲した領土は全土の一〇分の一、ハンコ岬の三〇年貸与も認めさせられ、失った領土からの避難民四二万人が流入した。

（Rzhevskii, 131-328）

**［資料⑩イ］ソ・フィン戦後のドイツの対日不安**（ラムザーイ、一九四〇年二月一日）

ドイツ大使オットは、最近の日ソ間の国境交渉の解の課題〔三国同盟を前提に対ソ提携も適度に進める〕遂行への期待をかえって損ねるのではないかと進展が、リッベントロプ〔外相〕が提起したソ日了強く懸念している。軍事的には、ソ連が大兵力を投入したにもかかわらず大敗したとみて、参謀本部ではシベリア侵攻の考えが再燃し、ノモンハンのような敗戦はするはずがないと思っている。日本国民は中国との戦争を経験しているので、小国フィンランドとは違うと思いあがっているのである。

オットにとっては、日ソ国境交渉が秘密裏に行われていることが、日本参謀本部が独ソ協力に疑念を深め、英米側につくかもしれない危険を示している。オットはリッベントロプの特別指示を受け、日独政治関係を強化し、日本の英米側への加担を阻止する任務を負った。

# 2 独ソ不可侵条約と三国同盟

## 独ソ不可侵条約の衝撃

独ソ不可侵条約は一九三九年八月二三日に締結されたが、じつは年初から英仏・ソ間の交渉と独ソ間の交渉が並行して行われていた。ドイツは英仏とソ連、ソ連はドイツと日本を相手に同時に二正面戦争を戦うことはできない。ドイツはまず英仏を屈服させ、西欧・中欧を支配下においてから東欧・ソ連を「生存圏」にすることがヒトラーの構想にかなうと考えたはずである。しかし、ドイツにとってソ連はイデオロギー上の敵であり、英仏も対独宥和的で矛先をまずソ連に向けさせようとすることもありえた。ソ連は対英仏交渉の四月段階で、バルト海から黒海の間に位置し、対ソ国境を有する東欧諸国に軍事を含むあらゆる援助を行わねばならないという条項を提案している。しかし、一九三九年当時の国際関係の次のような複雑さも考慮しなくてはならない。

ソ連の事情に即していえば、リトヴィーノフ外交がスペインでも、中欧でも行き詰まってい

表5　1939年夏の列国戦力

| | イギリス | フランス | ドイツ | イタリア | ポーランド | ソ連 | 日本 | アメリカ |
|---|---|---|---|---|---|---|---|---|
| 師団 | 25 | 32 | 51 | 67 | 30 | 126 | 41 | 11 |
| 総兵力（千） | 1662 | 1005 | 1343 | 1753 | 465 | 2485 | 1420 | 534 |
| 火砲・地雷 | 13000超 | 26546超 | 30679 | 20000超 | 約5000 | 55790 | ? | ? |
| 戦車 | 547 | 3286 | 3419 | 1390 | 887 | 21110 | 2000超 | 300超 |
| 航空機 | 5113 | 3959 | 4288 | 2938 | 824 | 11167 | 3180 | 2473 |
| 戦艦 | 12 | 7 | 2 | 4 | 0 | 3 | 9 | 15 |
| 空母 | 7 | 2 | 0 | 0 | 0 | 0 | 6 | 6 |
| 重巡洋艦 | 15 | 7 | 1 | 7 | 0 | 0 | 12 | 18 |
| 軽巡洋艦 | 49 | 11 | 6 | 14 | 0 | 6 | 25 | 19 |
| 駆逐艦 | 192 | 61 | 21 | 61 | 4 | 34 | 112 | 236 |
| 潜水艦 | 62 | 79 | 57 | 106 | 5 | 168 | 60 | 96 |

※ Mel'tiukhov, 2000, 83

たことが挙げられる。独伊日の露骨な侵略行動を抑えられず、国際連盟や集団安全保障の条約網が歯止めにならなくなってきた。実際、五月にリトヴィーノフは解任され、モーロトフが外務人民委員に就任した。しかし、モーロトフがただちに親独外交に走ったわけではない。ソ連は大テロル（粛清）の深傷から回復しておらず、軍事的にもドイツに太刀打ちできないとわかっていたからこそ、不可侵条約期間を「息継ぎ」としたのである。独ソの経済関係は、ドイツの機械類輸出、ソ連の石油などの原燃料および穀物など農産物の輸出のように、ラパッロ条約期とさして変わらない構造で進み、ソ連の息継ぎのみならず、ドイツの戦争準備にも役立った。
じつは不可侵条約には秘密協定があり、九月二八日の追加条約と併せて領土・勢力圏分割がなされたのである。ドイツが条約締結後ただちに侵攻するポーランドの西部（面積で約三分の二）はドイツ領、東部はソ連領とされた。エストニア、ラトヴィア、リトアニアはソ連の勢力圏とされた（翌四〇年各国会決議でソ連邦に加盟）。ルーマニア領のベッサラビア、北ブコヴィナも、ソ連の勢力圏に組み込まれた。これによって独ソ両国はポーランドで国境を接することになり、「緩衝国」がなくなってかえって危険という見方も成り立つが、いずれは戦争と思いながらの「呉越同舟」にほかならない。（斎藤『独ソ不可侵条約』第三〜七章、平井『三〇年代ソビエト外交の研究』第六章）
この条約はなによりも各国に衝撃を与えた。日独伊防共協定は「共産主義の宣伝、浸透」を防止するはずだったのに、肝腎のファシストが国益のために「防共」を棚上げにしてしまったからである。平沼騏一郎《きいちろう》首相が「欧州の天地は複雑怪奇」の一言で辞任したことでも、よく知られている。**資料⑪ア・イ**（次ページ）にみられるように、国是の変更ゆえに議論が沸騰し、おおむね「それでも反共反ソ」を主張するグループと「この際日本もドイツに倣え」と変身する（「バスに乗り遅れるな」）グループとに分かれた。しかし、ソ連が西方の安全保障のためフィンランドに領土割譲を求めて戦争を仕掛けたこと（冬戦争）は、国際世論を反ソの方向に引き戻した（ソ連は国際連盟を除名された）。
中国の蒋介石は英仏とソ連の交渉に期待をかけたが、独ソの接近に気づかなかった。独ソ不可侵条約の内容はただちに把握したようだが、続いて日ソ不可侵条約が締結されることを懸念した。九月一七日のソ連軍によるポーランド侵攻には「信義や道徳心がない」と日記に書きつけた。

（麻田『ソ連と東アジアの国際政治』一三〇～一三一）

**【資料⑪ア】独ソ不可侵条約の日本への衝撃**（ラムザーイ、一九三九年八月二四日）

ドイツとの不可侵条約締結交渉は、大きなセンセーションと反独感情を呼んでいる。条約締結の詳細がわかり次第、内閣総辞職がありうる。ドイツ大使オットも、進行中の事態に驚いている。閣僚の多数は、ドイツとの防共協定を破棄すべきだと考えている。〔日本の〕財界・金融界も同じで、英米と協定すべきだと考えている。〔陸軍の〕橋本欣五郎大佐、宇垣一成大将に連なる別のグループはソ連と不可侵条約を結び、イギリスを中国から駆逐すべきだという立場である。

**【資料⑪イ】駐日ソ連武官**（クルィローフ）**の本部への報告**（一九三九年八月二六日）

独ソ不可侵条約締結の話は日本の各界、政府にとって青天の霹靂であり、どの新聞もこの記事ばかりで、世界大戦後最大の事件と呼ばれている。主たる意見は、

(1)　ドイツは非友好的な立場になった。日独伊三国防共協定はただの紙切れになった。

(2)　このことを予見できなかった責任は、挙げて政府にある。

(3)　有田〔八郎、外相〕外交は日本の完全孤立を招き、新たな軍事・外交を樹立する必要がある。

(4) ドイツとの新たな同盟を結べば、反英的なものとなろう。　　ソ連は東方で活性化する。

(5) 陸軍は、ソ連、イギリスは主敵であり、確固たる不変のコースを継続すると表明した。　　日本紙のローマ特派員は、近日中にイタリアもソ連と不可侵条約を締結すると表明した。

(6) ソ連の対独接近は中国情勢に悪影響を及ぼす。

## 三国同盟締結と日独の確執

独ソ不可侵条約締結後ただちに、ドイツ軍はポーランド西部を易々《やすやす》と占領したが（一九三九年九月一日＝第二次世界大戦開始）、援助義務のある英仏軍は動かなかった（奇妙な戦争）。ドイツ国防軍内部には、長期戦に（アメリカ参戦にも）備えて対英仏戦を先延ばしにする見解もあったが、ヒトラーをはじめとする短期決戦論に押し切られた。翌四〇年五月ドイツ軍はマジノ線を迂回し、ベネルクス三国経由でフランスに侵攻し、ダンケルクに英仏軍を追い詰め、六月にパリを占領した。これによりナチ・ドイツと欧州で戦うのはイギリス一国だけとなった（バトル・オブ・ブリテン）。フランスではヴィシーに対独協力政権が樹立された。この結果フランスとオランダの海外、とくに東南アジアの植民地（仏印と蘭印）が日本の勢力圏に入る可能性が生じた。また、イギリス東洋艦隊の基地シンガポールが、イギリスと死闘を演ずるドイツにとって重要となり、日本による攻撃を要望するようになった。

ドイツは、独ソ不可侵条約で冷え込んだ対日関係を好転させ、三国防共協定の軍事同盟への格上げを急いだ。一九四〇年九月上旬にJ・リッベントロプ外相の特使として訪日したH・シュターマーは、松岡洋右外相、オット大使との協議の結果、懸案の「自動参戦条項」を外して同盟条約を締結した（二七日、リ外相には無断で）。第三条の「三締約国中いずれかの一国が現に欧州戦争または日中戦争に参入していない一国」（に攻撃された場合の相互援助）がアメリカを指すことは明白であった。服部聡によれば、三国同盟が対米英戦争を導くことを恐れて反対してきた新任の海軍次官豊田貞次郎を、松岡が一三日に「自動参戦条項」を外すと約束して同意を取り付けたという。松岡は九月一九日の御前会議決定（同条項含まず）を盾にして締結を主張し、ドイツ側はそれでも締結が対米牽制にはなると判断したのだろう。（服部『松岡外交』一四一〜一四四）

**［資料⑫ア］軍事同盟格上げ交渉における日本側留保**（ラムザーイ、一九四〇年六月二四日）

ドイツ、イタリア、日本の軍事同盟交渉は継続している。オットとショル〔海軍武官〕によれば、最近の日本側提案は以下のとおり。①ドイツとソ連との戦争には、日本はソ連と戦う側に自動的に参戦する。②イタリア、ドイツがイギリス、フランス、ソ連と戦う場合も、日本は自動的に独伊側で参戦する。③独伊が英仏とのみ開戦する場合は、日本は従来どおり独伊の同盟国ではあるが、軍事行動は全体情勢次第で決める。三国同盟の利益にかなえば〔二文字消去〕日本はただちに参戦する。

最後の留保は、おそらく欧州戦争に引き入れられるソ連、立場が明確でないアメリカを考慮したものである。日本の軍事行動は制約されたものになる。

②③の場合、日本はシンガポール以南には進攻しない。①の場合は日本の全軍がソ連に対して投入される。

**【資料⑫イ】ゾルゲが得た三国同盟締結交渉の情報**〔一九四〇年九月一五日〕

※引用者注：ゾルゲがオットといかに親しくとも、会談の顛末をすべて聴いたかは不明で、資料集には内容の一部が掲載されただけである。うち一五日の報告のみ紹介する。

リッベントロプの特使シュターマーはオット大使、マツケ武官に極秘の委任をしていた。オットはマツケと居合わせた者に、この委任につき曖昧に語った。リッベントロプは日本の新政権〔第二次近衛内閣、松岡が外相に就任〕に、今後の緊密な協力を得る最後の機会にするつもりだと。ドイツは、蘭印、シンガポールと南太平洋諸島が日本の勢力圏であることを全面的に承認するが、太平洋の南部島嶼については譲渡してもらいたいという内容である。

ドイツはまた、戦争継続の場合に日本が明白に反英的な行動をとるよう、アメリカが将来太平洋で積極的な反独行動に出た場合にドイツを支援するよう、求めた。

こうして欧州大戦としてはじまった戦争が、同盟関係を通じて世界大に拡大する条件が生まれた。アメリカは、中立法に基づいて戦争に介入しなかったが、ナチ・ドイツの侵略と横暴に伝統の「孤立主義」が揺らぎはじめた。日独による東南アジア進出は、アメリカの経済的利益からも抑止しなくてはならなくなった。実際に日本は四〇年九月に北部仏印に進駐した。

日本には、陸軍が「北進」（対ソ戦）、海軍は「南進」（対米英戦）という一種の伝統があったが、日中戦争が長引き米英の蔣介石政権援助が本格化すると（援蔣ビルマ・ルート）、陸軍にも南進論が台頭した。資源確保の点では、北樺太の石油程度しか期待できないソ連よりは、石油、マンガン、タングステン、ゴムなど戦略物資の産出が多い東南アジアが注目されるのは、当然だった。しかし、政府が本格的にこの地域を占領し、資源開発に取り組むのは一九四一年一二月の対米英開戦後という遅れが致命的だった。フランス、オランダの対独敗戦にともなう「南進」論は「機会主義的」（好機便乗的）と指摘されても仕方がない。松岡外交も、独ソ不可侵条約締結に乗じて日ソ中立条約締結に踏み込み、ドイツがソ連に侵攻すると「北進」論に乗り換える点では、同じく機会主義的だった。

こうした情勢下でドイツは、日独関係を修復するだけではなく、日独伊三国同盟にソ連を加入させる外交方針に傾斜した。いずれボリシェヴィキを殲滅し、東欧・ロシアを自己の「生存圏」（食糧確保と奴隷労働の後背地）に変えようという大戦略は保持したまま、当面の敵イギリスを屈服させようとしたのである。じつは、ドイツの政軍最高指導部は一九四〇年一二月一八日に、ソ連攻撃の「バルバロッサ作戦」を決定していたが、四国同盟に熱心なリッベントロップ外相と、それをあくまで「当面の便宜」と考えるヒトラーとの意見の相違を孕んでいた。

むろん、独英戦争は、イギリスに対するアメリカによる「武器貸与法」（Lend-Lease Act）施行もあって、早期に終結する見通しは立たなかった。ドイツはついに、対英戦争を進めながら対ソ戦争に踏みきる「二正面戦争」の禁じ手に打って出た。しかし、バルバロッサ作戦を発動するためには、中・南欧諸国（ハンガリー、産油国のルーマニア、ブルガリア、ユーゴスラヴィア）を同盟国に加え、いったんは三国同盟に加入したものの反枢軸派がクーデタを起こしたユーゴスラヴィアを制圧しなければならなかった（一九四一年四月一七日）。バルバロッサ作戦発動は、数カ月も遅れることになった。

日本はソ連との間では不可侵条約ではなく、もっとも拘束力の弱い中立条約（締約国と第三国との戦争の際に中立を守る）を選択し、四月一三日に調印した。松岡外相はまずモスクワを訪問して挨拶し、ベルリンを訪問してリッベントロプの了解を得たうえで、モスクワでモーロトフ外務人民委員と中立条約に調印した。スターリンとの会談では、ドイツはヨーロッパ、イタリアは地中海・アフリカ、ソ連は中東・インド方面、日本は東アジアを「分け合う」と大風呂敷を広げ、英米に対抗する四大国による世界支配を謳いあげた。スターリンが帰路のシベリア鉄道駅に松岡をわざわざ見送るという演出までついた。しかし、有頂天の松岡は、すでに議論されていた両国間の利権・領土問題に触れずに中立条約に調印したのである。

蔣介石はA・パニューシキン駐華ソ連大使に、突然の中立条約が中国に大きなショックを与えたと語った。三七年の中ソ不可侵条約は、締約国の一方が侵略された場合、被侵略国に不利になる「いかなる協定も」侵略国と締結することを、他方の締約国に禁じていたからである。しかも、中立条約付属の「声明書」には「モンゴル人民共和国と満洲国の領土の保全と不可侵を尊重する」と記され、ソ連が満洲国を承認することを意味したためである。

（麻田『蔣介石の書簡外交』一七六〜一七八）

むろん、この頃になるとヒトラーはソ連攻撃の準備に余念がなく、日本はそれにまったく気づかなかった。リッベントロプ、松岡の両外相、オット、大島浩の両大使は、三国同盟の強化を唱え、第三国から攻撃された場合に自動的に参戦の義務を負う条項をねじ込もうとしたが、結局断念し、日本にはシンガポール攻撃だけはやってくれと迫ったものの、実現しなかった。究極的には、ドイツは日本の軍事力に不安を抱き、日本はドイツの「防共」も捨てる機会主義的外交に留保したというべきであろう。

（服部前掲書第3章3〜4・第4章5・第5章5・第6章5〜6、安達『大東亜共栄圏』第1〜3章）

**［資料⑫ウ］モーロトフが駐日大使に中立条約締結を示唆**（ラムザーイ、一九四〇年一一月一九日）

ベルリンから帰国したモーロトフは、建川美次《よしつぐ》駐ソ大使を招いて会談した。一一月一九日付モーロトフのK・スメターニン駐日大使宛電報は以下のようだった。自分はリッベントロプ外相と会談して、日本はソ日関係改善のために前進し、ソ連と広範な合意をする用意があると知った。リッベントロプによれば、日本は外モンゴルと新疆がソ連の勢力圏に入り、北サハリンにおける日本利権の解消に向けて交渉する用意があると聞きおよんだ。しかし、自分は、日本による最近の不可侵条約締結の提案が、かえって日本を困難に陥れるのではないかと危惧する。一九三九年の独ソ不可侵条約がソ連による喪失領土の回復〔バルト諸国、ベッサラビアの一部〕をもたらしただけに、日ソ不可侵条約を締結すれば南サハリン、クリル諸島の返還が問題になり、日本としては少なくともクリル諸島北部の売却を提議せざるをえなくなる。

そこで、領土問題を避け、不可侵条約に代えて中立条約を締結し、石油・石炭利権解消の議定書は別個に署名してはどうか〔解消にともなう補償は支払う〕と考える。中立条約締結は日ソ関係を改善する重要な一歩であり、日本が南方に進出するにも必要な措置である。そうすれば、外モンゴルや新疆にわが軍を駐留させる必要もなくなる。

※引用者注：この後モーロトフは、石油・石炭利権業者への補償と石油の五年間、毎年一億トンの供与も提議した。

**〔資料⑫エ〕大島大使が同盟強化、シンガポール攻撃を主張**（ラムザーイ、一九四一年一月一八日）

オット大使から聞いたのだが、大島駐独大使は全欧の大使でもあるかのように、三国条約を、シンガポールを、必要ならアメリカをも攻撃できる軍事同盟に発展させるつもりだ。白鳥〔敏夫、前イタリア大使〕、参謀本部と海軍省の一部は近衛の同意なく、大島を支持している。

オットによれば、目下、日本に醸成されつつある政治情勢は、日本にこの政策の成功裡の実現を保障していない。ドイツがイギリスに侵攻して勝利するか否かも不分明だからである。それでも大使は、日本は三国条約の攻撃的軍事同盟への改変に向かって動きはじめたと主張する。

**［資料⑫オ］グルー駐ソ米国大使、真珠湾奇襲を警告**（ラムザーイ、一九四一年一月二七日）

Ｊ・グルー駐ソ米国大使は本省に報告した。「一人の日本人を含む大使館職員らによれば、日本軍部は、日米関係が『複雑化』したらパール・ハーバーの大規模奇襲を計画しているという。攻撃には日本の全軍事力が投入される。計画は空想的だが、多くの情報源から入手したと同僚はいう」。こうしてホワイト・ハウスは日本がアメリカを攻撃するかもしれないことを知るようになった。（中略）

近衛内閣が採択した一般計画によれば、米国太平洋艦隊からの脅威を除去するために米国と不可侵条約を締結するという日本海軍の要望を考慮していた。提言には、日本がフィリピン、グァムの安全を保障し、米国は日本の共栄圏を承認するという内容だった。米国軍事力に対する攻撃は交渉中も準備し、交渉が決裂したら奇襲するという目算だった。

米国太平洋艦隊がパール・ハーバーに停泊中に殲滅する計画は、両国が平和的関係にあるうちに立案され、連合艦隊司令部の検討に付された。司令部はこれを承認し、すでに一九四一年一月には大本営に提出されていた。（中略）日本軍指導部はパール・ハーバー攻撃が成功すれば、アメリカ艦隊を殲滅し、米国が反攻を開始するまでに太平洋・インド洋の要衝を占領できると考えていたのである。

二月には北部仏印の日本軍は倍増し、一九四〇年九月二三日に合意した上限を越え、フランス植民地軍六万に代わって、日本軍将兵一万三〇〇〇名が配置された。（以下略）

**［資料⑫カ］ドイツ国防軍統合司令部指令「対日協力」**（ラムザーイ、一九四一年三月五日）

〔ヒトラー〕総統は、日本との協力に関する次のような命令を出された。

1　三国同盟に基づく協力の目的は、日本を可及的速やかに極東における積極的な行動に駆り立てることである。これによりイギリスのかなりの力を抑制し、アメリカの利害関心の中心を米州から太平洋に移させるのである

日本には、以前よりは早く軍事行動をはじめる大きなチャンスが生まれる。敵側の戦争準備が不十分だからである。「バルバロッサ」作戦は、そのための政治的・軍事的好条件を創出するだろう。

2　こうした協力を準備するためにも日本の軍事力強化を全力で促進する必要がある。国防軍統帥部は、ドイツの戦争経験、軍事的・経済的および技術的援助に関して日本側が望む情報を十全に受けられるようにすべきである。ここでは相互性が大事だが、それを欠いても交渉推進を困難にしてはならない。

3　両国の共同作戦は主として海軍指導部にかかっている。

a　戦争遂行の共同目的はイギリス軍を早期に崩壊させ、アメリカの参戦を防ぐことにある。ドイツは極東に政治的・経済的利害をもたないので、日本の意図に反しようもない。

b　ドイツが輸送船団との戦いで大きな成果をあげることは、日本は輸送船団の護送に相当数の日本軍が利用されるから有益である。むろん、これ以外の援助もできる。

c　同盟参加諸国の原料の状況によっては、日本は戦争継続のために必要なら、とくにアメリカが干渉するならば、当該地域を占領することができる。ゴムの供給は、日本の開戦後もドイツにとって死活的に重要である。

d　シンガポール占領は、極東におけるイギリス

の要衝であるだけに、三国同盟諸国の戦争遂行にとっての決定的な成果となる。

さらに、英米艦隊のほかの基地を攻撃すれば敵国が依存してきた当地のシステム〔流通・交易の伝統的ネットワークのことか〕を大きく揺るがし、また海上航路を攻撃すればかなりの軍事力も抑止することになる。
4　「バルバロッサ」作戦については、いかなる情報も日本に伝えてはならない。

**［資料⑫キ］近衛首相がドイツを訪問する松岡外相に注文**（ラムザーイ、一九四一年三月一〇日）

近衛公は尾崎〔秀実〕に、自分は松岡の訪独は強く支持するが、一部はこれを引き留めようとしていることを知っており、ドイツ指導部が松岡に強く影響を与えないかを心配していると語った。自分は、松岡の訪独目的は以下のようだと理解している。
1　三国同盟強化に熱中すると、イタリアが敗北し、ドイツのイギリス侵攻が遅れるような場合に、日本の立場が急速に弱くなる。親英米勢力がドイツとのこれ以上の接近を阻止するべく動いている。
2　松岡は、ヒトラーその他の指導者との私的会話で、彼らがイギリスと戦い続けるのか否かの真意を探る。日本指導部としては、ドイツが英国侵攻に失敗した場合に英独和解がありうると引き続き懸念している。
3　ソ連との外交に関しては、松岡は大きな権限をもっているが、不可侵条約を結ぶことができるとは思っていない。近衛としては、日本が注文したドイツ軍需品がシベリア経由で輸入できるようソ連が許可してくれることを望む。また、ソ連が重慶政府との協力を停止する協定を結ぶよう望む。

**［資料⑫ク］大島駐独大使の本省への意見具申**（一九四一年四月一六日）

１（一部略）ドイツとして対英攻撃と並行して対ソ作戦を行うことは二正面作戦となり、いたずらに戦局を紛糾させるものと考えられるが、ドイツは本〔対英仏〕戦争開始以来の損害が意外に少なく、歴戦の経験をもち、かつ高度に機械化された二五〇個師団に近い陸軍は、ソ連軍に対し圧倒的優勢を維持している。しかも、これらは差し当たり対英攻撃にほとんど使用する必要がなく、加えてソ連空軍中には旧式機が少なくないのに対し、ドイツ空軍は総数一万に近づきつつあると推定される新鋭機を備えている。潜水艦とともに対英攻撃に使用すべき航空部隊を除いても、十分な優勢を維持しつつ対ソ攻撃にあたれるものと認められる。

２（一部略）なお、独ソ開戦は戦争拡大を欲する英米の思う壺であり、両国はこれを歓迎しソ連援助に努めるだろうが、イギリスはもちろんアメリカにおいても大きな実質的援助を与えられず、独ソ戦の帰趨にはほとんど影響を及ぼさないと判断される。

３　独ソ開戦の場合には、帝国本来の反共国策に鑑みドイツと呼応してソ連を討つべしとの論も起こることだろう。しかし、日ソ中立条約成立直後であることに加え、ドイツは対ソ戦の遂行に十分の自信を有しているため、かならずしもわが共同攻撃を期待していないと思われる。ドイツとしては、わが北満における兵備を厳然として維持し、ソ連をして極東兵力の欧露転移を容易にさせない方途に出ることで満足し、むしろ帝国が対英米牽制の意味において南方に施策することを希望しているように察する。

帝国としては、ドイツの意図に引きずられないようにするのはもちろん、帝国自身の利益からしてもこの際あせって北方に手を出すことなく、好機を選ぶこととし、まず大東亜共栄圏確立の大道に邁進し、右を阻害する根本原因たる極東英米勢力の拠点シンガポールの攻略に専念することが妥当である。

（以下略）

## ソ連軍の改革と対独戦準備

ソ連軍は一九四〇年一二月末に「労農赤軍最高指導スタッフ会議」を開催した。国防人民委員は、ノモンハン戦争と対フィンランド「冬戦争」の「辛勝」後の同年四月に、ウォロシーロフ元帥からS・ティモシェンコ元帥に交代していた。ほぼ同じ一二月末にドイツ国防軍統合司令部は、対ソ戦争「バルバロッサ作戦」を決定していたが、最高機密ゆえソ連軍が知るわけもなかった。会議を主催したのは参謀総長K・メーレツコフ大将だった。ここで注目すべきは、ノモンハン戦争と「冬戦争」を指揮したG・ジューコフ大将（当時キーエフ軍管区司令官）が「現代の攻勢作戦の性格」を報告したが、それはトゥハチェフスキー「縦深作戦」の復活にほかならなかったことである。

ジューコフによれば、イギリス、フランスの軍部は、経済力はあっても政治的な弱さ、軍事思想の保守主義のために、ヒトラーの攻撃をソ連に向けることを期待し、機甲部隊と航空機が中心の現代戦を準備していない。

積極的な攻勢作戦も、巧みな防衛戦争も準備できていない。先進的な軍の努力は攻勢的な手段の開発に向けられてきた。大航空戦力、機甲部隊、砲兵部隊の機械化、そして軍の自動車化の量的、とくに質的な発展に、である。

こうした技術的手段の広範な導入により、作戦術に速度や打撃力という強力な要因が加わっ

## 図３　縦深作戦概念図

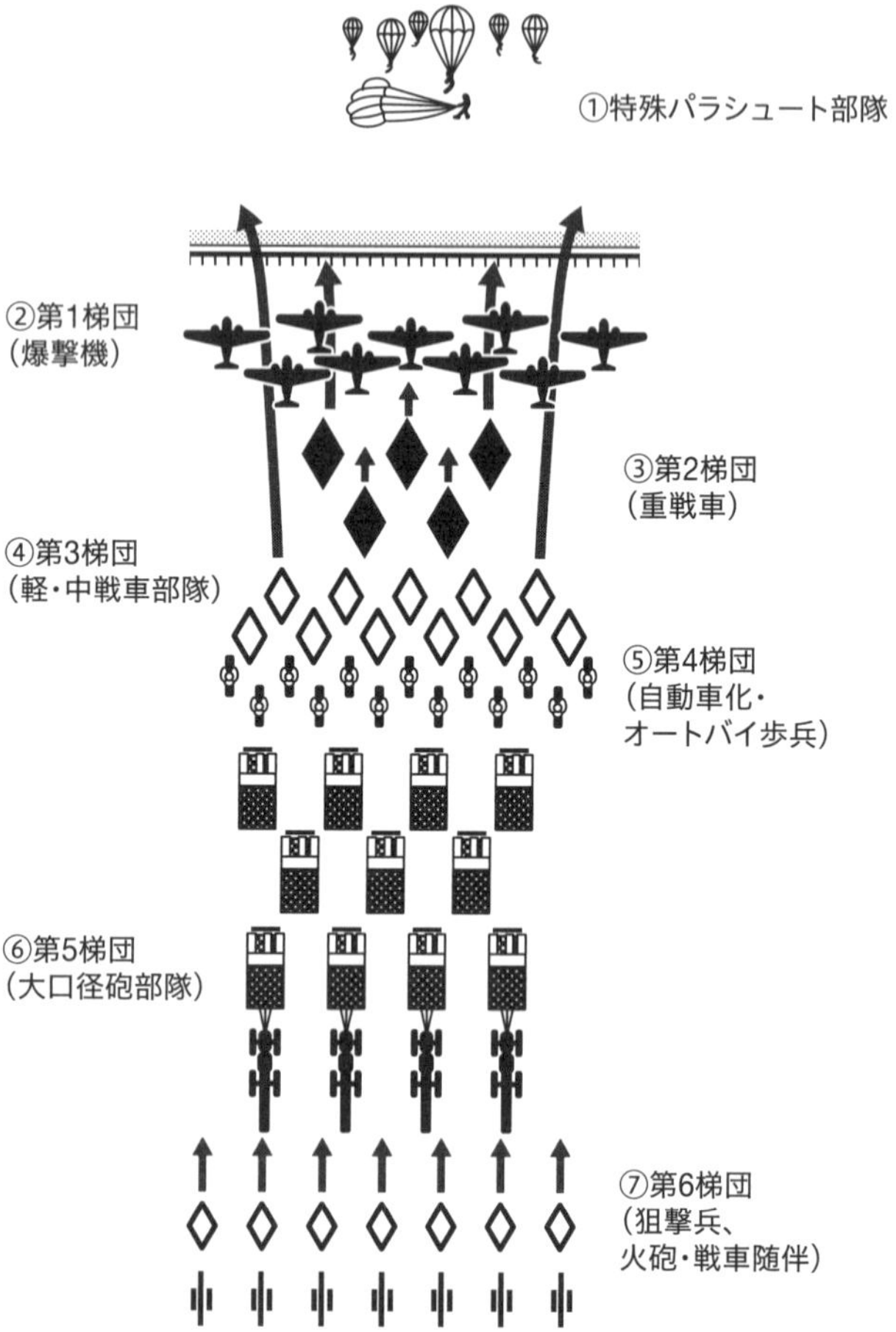


※①の降下は、第５梯団以降。Russkii Archiv, 12-1, 356掲載図をもとに作成

た。作戦・戦術上の奇襲、作戦の柔軟性と長距離性が確保された。作戦の急速な進歩は、近年の戦争経験が示しているように、主として航空部隊、空挺部隊、戦車・自動車化部隊の奇襲と大規模な活用によって達成された。

スペイン戦争は、共和国軍にとっては全戦線にわたる防衛戦だった。共和国軍が攻勢に出るとしても、敵の総攻撃を引き延ばす限定的な目標によるものだった。共和国軍の攻勢は、物理的・技術的な装備が弱いため、大きな戦果を挙げられなかった。しかも、共和国軍司令部はある戦線からほかの戦線に兵力を移動する大胆さに欠け、人民戦線の政治的結束の弱さ、アナーキストと英仏のサボタージュも防衛戦中心になった要因である。他方、フランコ軍は空軍こそなかったが、火砲は三倍も保有し、独伊軍（一〇万）とモロッコ人部隊を擁し、決定的な攻勢作戦を幾度か実施できた。

このスペイン戦争評価は後知恵的であり、ソ連の軍事的支援にも触れていない代物だが、さすがにノモンハン戦争についてはは、ジューコフは自分の指揮で後半の逆転をもたらしただけに、自信と達成感が窺える。とくに八月二〇〜二九日の総攻撃は、小規模とはいえ、奇襲という点でも、事前に制空権を握った点でも成功だった。戦車、火砲、歩兵、航空の連携が実現した。敵（関東軍）も戦車を用いたが、その準備は思ったより弱く、物資の補給も不十分だった。

しかしソ連軍にとっては、ドイツ軍によるポーランド侵攻と西部戦線での圧勝の方がより重要だった。その西部戦線の駐在武官や諜報要員による観察結果は以下のとおり。

(1) 敵の防御の全縦深にわたる、空軍と緊密に連携した戦車師団および機甲軍団（戦車師団、砲兵師団などを有するワンランク上の単位）の巧みで徹底した運用。
(2) 機甲軍団の戦闘開始から、敵後方に至るまでの断乎たる突進。
(3) パラシュート部隊と空挺師団による敵後方の施設の占領。
(4) 要塞を制圧するための歩兵、砲兵、戦車、工兵、航空機の緊密な連携。
(5) 攻勢作戦のハイ・スピード：ポーランド（西部）制圧は一八日間（一日三〇キロ）、オランダ、ベルギー、北フランス制圧は一八日間（一日一六キロ）だった。
(6) 攻勢作戦には、適宜に諜報エージェント網、後方攪乱グループを配置しておくことが重要だった（空港、要塞、重要倉庫、鉄橋など）。後方攪乱グループは住民に対するテロ、通信遮断、軍指揮官の殺害と重要文書の奪取を行う。
(7) 最後に、ドイツ軍は間断なき作戦の遂行に優れていることを強調したい。

この「スタッフ会議」には、「騎兵閥」で国防人民委員代理のS・ブジョンヌィも出席していたが、**資料⑬**にもあるようにスターリンから厳しく叱責されていたため「航空機だけに資金供給することはできない（馬にも食わせる）」と「捨て台詞」を放った程度である。

(Russkii archiv, 12-1, 1993, 13-44, 121-151: Meretskov, 44-47, 81-90, 156-164: Shtern, 129-151: Zhukov, 271-271: Budennyi)

**［資料⑬］スターリンが対独戦略転換を指示**（一九四〇年四月二一日）

軍事会議小委員会では検討できなかった一連の問題は、より狭い小委員会で議論する。

(1)　わが軍備、すなわち火砲、榴弾砲、航空機、携行武器は検討されなかった。わが兵器システムを日本およびフィンランドとの戦争経験に照らして検討し、評価する。

(2)　わが作戦の変化の問題も検討すべきである。大変遺憾なことに、われわれは近年作戦の表面的な部分に注意を払ってきた。例を挙げよう：われわれはしばしば、戦争におけるパラシュート部隊降下などの問題を放置してきた。フィンランドとの戦争では〔冬の悪天候と森林地帯を口実に〕利用しようとは誰も言い出さなかった。近い将来わが作戦の性格は、実際の戦況に近づけねばならない。部隊諸兵科の連携を完璧に、現代風にしなくてはならない。

(3)　わが軍事イデオロギーをいかに根本的に変革するかの問題も議論しなければならない。わが軍事思想は形成されても、肝腎な点を欠かしてはならない。雑誌やサークルを作って人々が作戦、戦術その他の問題を自由に議論し、可能なら現行の兵器システム、戦闘方法、部隊編制を批判するようにすべきである。

現在の指揮官クラスを、攻勢を含む積極的防御の精神で教育しなければならない。この思想を安全保障、祖国と国境防衛のスローガンで普及すべきである。内戦の経験に対する拝跪を根絶しなければならない。われわれの遅れを固定化してきたからである。

内戦の経験は素晴らしいが、今日では時代遅れであり、わが指揮官クラスのなかには内戦経験者の圧力が働き、若いカードル〔幹部〕に道を譲らない者がいる。若いカードルの登用がわれわれの希望である。帝国主義戦争のドイツ語、フランス語、ロシア語の文献を掘り起こし、帝国主義戦争と現代の戦争の経験から行動しなければならない。

※本書脱稿の直前『ノーヴァヤ・ガゼータ・エヴローパ』紙二〇二三年一〇月一七日に「棄てられたモスクワ」という記事が掲載された。一九四一年のこの日は、ドイツ軍の猛攻の前に首都モスクワが移転を余儀なくされた日で、当時のソ連軍の後退と兵士の意気消沈、移転にともなう略奪騒ぎなどが証言を交えて再現されたもので「大祖国戦争讃美」の公定歴史観からは受け入れられない記事だが、リガに亡命中の反政府紙だから掲載できたのだろう。そのなかで注目されるのは、スターリンがI・コーネフ（西部方面軍司令官）に向かって「あの騎兵閥を信じすぎた」と漏らした言葉である。ウォロシーロフ（前国防人民委員）、ブジョンヌィらが軍近代化をサボタージュしたから、いまドイツ軍機甲部隊に打ちのめされているという「後悔」の弁だが、ほかならぬスターリンがトゥハチェフスキーらを粛清裁判にかけた責任には頬かむりしている。

（*Novaia Gazeta Evropa*, October 17, 2023）

コラム

# Ⅳ スターリンの軍事知識

スターリンの伝記は汗牛充棟《かんぎゅうじゅうとう》だが、私はメドヴェージェフ兄弟による『知られざるスターリン』とフレヴニューク『スターリン――独裁者の新たなる伝記』が出色だと思う。前者は、父親が大テロルの結果コルィマ収容所で死亡し、本人たちは大戦に従軍し、異論派として、その体験と膨大な聴き書きに基づき、ペレストロイカ後はアーカイヴ資料をも用いて、スターリニズム批判の先陣を切ってきた兄弟の締め括りの労作である。後者はスターリニズムのアーカイヴ資料に基づく研究で、1990年代から優れた著作を出し、国際的にもイギリスのR・デーヴィスとの工業化・農業集団化共同研究を推進してきた。

両作品は、スターリンの諸悪を暴露して事足れりとするか、体制を支える社会の動向や変動を無視した独裁論とは違って、あくまでスターリンを内外情勢に照らし、歴史状況を踏まえて客観的に把握、描写している。共通しているのは「スターリンは何を読んだか？」（ロイ＝弟が担当）、「読書と思索の世界」（フレヴニューク）である。彼が権力志向の強い、読書よりも党・政府の実務に集中するような印象とは異なって、暇さえあれば、郊外クンツェヴォのダーチャでも、長い夏期休暇のクリミア避暑地でも、読書に励んだことに着目した。そこにはトロツキーやブハーリンのような第一級の理論家に対する劣等感（グルジアの神学校を飛び出してから革命運動一筋）もあったに相違ないが、文学・芸術方面まで関心が広かったから、「勉強家」だったことは疑いない。

本書との関係では、前者の従軍経験を踏まえた「スターリンとアパナセンコ」「スターリンと電撃戦」「戦争勃発当初のスターリン」が重要である（アパナセンコ大将は歴史に埋もれていた）。後者では「軍事問題はスターリンの関心を引いた」とあり、戦争や軍事問題に関わる数冊の書物にも書き込みをしたとしてクラウゼヴィッツ（レーニンの愛読書）やスヴェチーンが挙げられている程度である。スターリンが、スヴェチーン理論を磨いたトゥハチェフスキーを読み、「縦深作戦」を理解していたかは定かではないが、私は否定的である。

# 3 日本の南進決定と諜報団壊滅

## 独ソ開戦と関東軍特種演習

一九四一年六月二二日のドイツによるソ連侵攻については、スターリンが前線や諜報機関からの「ドイツ侵攻間近」の情報を信用せず「チャーチルの偽情報（Disinformation）だ」などといって、ドイツ軍および同盟国軍による侵攻（バルバロッサ作戦）を易々と許したことはよく知られている。

諜報総局長F・ゴーリコフ（中将）は、四一年春にもドイツが侵攻するという情報には否定的で、侵攻は対英戦争の勝利または、ドイツにとっても名誉ある講和の後になろう、右情報はイギリス、あるいはドイツ自身の諜報機関が流した偽情報だという判断（一九四一年三月二〇日）に立っていた。スターリンはそれに従ったものと思われる。ただし、侵攻は五月（二〇日）に延期されただけだという判断、戦争のソ連への拡大はナチ体制の崩壊を弱めるものだという期待論まで多様であり、ドイツは対ソ戦でウクライナの食糧を確保してから対英米戦を続けるという見方もあれば、ゲーリング空軍司令官の対英接近論とロイド・ジョージ英元首相の対独和平論により独英停戦が実現すれば、対ソ戦に進めるという見方もあった。ゴーリコフはこれら情報を紹介してスターリンの判断に委ねたともみられる。六月二二日にドイツの侵攻がはじまると、スターリンによってただちに諜報総局長を罷免された。（1941 god, kniga 1,776-780）

反面では、じつはソ連軍は攻勢作戦を旨としており（たしかに五月五日の赤軍アカデミー卒業式で公言）、ジューコフ、A・ワシレフスキーはにわか仕立ての「先制攻撃案」を五月一五日にスターリンに提出したが、スターリンは、四一年は防衛に徹する、攻勢は四二年になってからだと、これを退けた。（*Novaia Gazeta Europa,* Tam zhe, 1941 god, kniga 2, 215-220）

バルバロッサ作戦も、近年大木毅が紹介、指摘するように、いくつかの弱点を抱えていたにもかかわらず、ソ連軍を過小評価して短期間に首都モスクワを占領できるという過信のもとに進められ、一二月初頭にはソ連軍による反攻を招くことになった。よく知られているのは、発動の遅れにより泥濘期、冬季を迎えたことだが、兵站が弱く（鉄道レールが欧州では標準軌、ソ連では広軌で、付け替えが必要だった、しかも道路は悪路）、兵器や食糧の供給が追いつかない実態が明るみになった。本来は兵站も作戦の一部で、「作戦深度」――このソ連欧州部ではポーランド東境からドヴィナ河とドニェプル河を結ぶ線までの五〇〇キロ――を無視する進撃が行われた。参謀総長のF・ハルダーはこのことを弁えていたが、ヒトラーや集団軍司令官は快進撃に目が眩んで無視した。（大木『独ソ戦』第二章、トゥーズ『ナチス　破壊の経済』、五一〇～五一二）

コラム

# V

## まだ解かれていない杉原千畝の謎

本文（210ページ）で、杉原のケーニヒスベルク領事期のドイツ軍通過（1940年６月10日付）の電信報告を掲載した。カウナス領事期の前年９月に領事館の門前に押し寄せたユダヤ人難民に、本省の許可なくソ連通過ビザを発行し、シベリア鉄道経由でウラジオストク、敦賀へと送り出したことで、イスラエルに辿り着いたユダヤ人から感謝され、ヤド・ヴァシェムのホロコースト記念館に顕彰されて日本でも有名になった人物である。

最近、この「神話」に対して疑問を投げかける著作が刊行されて、話題になった。ユダヤ人研究の菅野《かんの》賢治による『「命のビザ」の考古学』（共和国、2023年）である。従来の杉原ヒーロー説は「ホロコースト」の「前倒し」理解ともいうべきもので、この1500人ともいわれるユダヤ人はナチ・ドイツの迫害を逃れての亡命希望ではなかった。1939年８月23日の独ソ不可侵条約、これを補足する９月28日の国境条約によってソ連に編入されたポーランド東部、リトアニアのユダヤ人が新支配者による迫害から逃れたかったのだという。それは菅野が「ジョイント」（アメリカ・ユダヤ合同分配委員会）が収集した資料、とくにイスラエルに辿り着いたユダヤ人の日記を読み取ってわかったことである（西部のポーランド国籍ユダヤ人はゲットーに押し込められた）。

謎はむしろ、ソ連当局が日本への領内通過ビザを認め、国営旅行社に料金を支払えばシベリア鉄道に乗車させると認めたのはなぜか、にある。じつは、ユダヤ難民の移送を提案したのはソ連側、外務人民委員代理デカノーゾフ、リトアニア公使ポズニャコーフであり、４日後の（1940年）７月29日にはソ連共産党政治局会議で採択された。この文書をロシア国立社会政治史公文書館で発見したのが、ロシアの研究者イリヤ・アルトマン（氏名からユダヤ系）で、それを含む露文・英文資料集がD・ウルフ、高尾千津子との共編で、2022年にスラヴ・ユーラシア研究センターから刊行された。それでも、上記決定と杉原によるビザ大量発行開始が同じ７月29日であることが偶然の一致なのか、杉原がソ連側と秘密に接触した結果なのかはまだわからない。

ドイツ軍の快進撃により、ドイツの日本に対する参戦要求が強まった。これへの日本の対応が、一九四一年七～八月の「関東軍特種演習」である。それは本土、中国からの移動、満洲での新兵徴募によって七〇万もの兵力規模に達したといわれるが、実際には定員を満たさず、必要兵器数も備えない師団の寄せ集めにすぎなかった。しかも精鋭部隊と戦車・航空機は南方に、続いて「本土決戦」のために日本に送られており、新兵はまともな訓練も受けず、予定された後退戦用の塹壕掘りに終始する始末だった。「最強の」関東軍は「張り子のトラ」にすぎなかった。

（富田『日ソ戦争　1945年8月』五八～六六）

**【資料⑭ア】ソ連在ベルリン諜報要員の独軍侵攻準備情報（一九四一年五月九日）**

「曹長《スタルシーナ》」（コラムⅥ、217ページ）によれば、

1　ドイツ空軍司令部では、対ソ作戦準備が最速のテンポで進行している。ごく近い将来に攻撃があることは確実である。将校たちの間では対ソ開戦日が五月二〇日だという者もあれば、六月だという者もある。ドイツはソ連に、対独輸出を拡大し、共産主義プロパガンダをやめろという最後通牒を出すだろうとみる者もいる。その要求実現の保障として、ウクライナの工業・経済中心地にドイツの全権委員を派遣し、一部の州はドイツ軍が占領するという話まであった。最後通牒は、ソ連の士気低下を狙った「神経戦」を先行させているのだろう。

情報源によれば、ドイツはあらゆる人的資源、兵器、輸送手段を国境に集中している。対ソ戦の準備は極秘に進めようとしている。戦争が近いという噂の流布を禁止し、準備事業を秘匿する措置をとっている。同様な措置は、モスクワのドイツ

代表部でもとっている。ドイツ軍将校の多数と、ナチ党員の一部では露骨な反ソ的気分が感じられる。他方で、対ソ戦争はヒトラーを破滅させる無意味な試みだともみられている。

2　ソ連政府の覚書にもかかわらず、ドイツ機がソ連領空に飛来し、航空写真を撮っている。一万一〇〇〇メートルの高度なので、偵察機も慎重に行動している。基地は、高度飛行に適したブレーメン郊外のオランネンブルクにある。

（3〜5は略）

**［資料⑭イ］ゾルゲの入手したドイツ軍集結状況**（一九四一年五月二一日）

ベルリンから東京に赴任した新ドイツ代表〔公使か〕は、独ソ戦争が五月末にはじまるだろう、この時までに帰国する命令を受けたからだと語った。他方で、今年は避けられるかもしれないとも語った。ドイツは対ソ戦に一五〇個師団からなる九個軍団〔korpus〕を準備している。一個軍団は有名なライヘナウ将軍の指揮下にある。ソ連攻撃の戦略的構想は、対ポーランド戦の経験を生かしたものになろう。

※引用者注：ソ連からみると、九個軍団は二七個師団なので数があわず、本部は確認を求めた。

**［資料⑭ウ］在ケーニヒスベルク杉原領事の本省宛電報**（一九四一年六月一〇日）

1　六月五日ケーニヒスベルク経由で軽戦車二個師団、七日には自動車化機甲数個師団が東方に向かった。

2　鉄道輸送も従来どおり活発である。今朝ベルリンからケーニヒスベルクへ九両が出発した。途中で東方に向かう鉄道将兵一七両を追い越した（自動車化機甲一二部隊、戦車三部隊、野砲一部隊と衛生兵一部隊だった）。東端の重要な橋梁には、重機関銃部隊が配置されていた。

3　六日には当地軍司令部に、参謀二五人がベルリンから追加派遣された。

4　当地の兵営には、二〇万人が駐屯しているといわれる。全員が防毒ガス装備をもっている。

**［資料⑭エ］在ベルリンNKGB要員の報告**（一九四一年六月一一日）

「曹長」によれば、

ドイツ空軍省、空軍司令部の幹部の間では、ドイツによるソ連攻撃の問題は最終的に決定された。ソ連に追加的な要求が出されるか否かはわからないが、奇襲がありうると考えられている。

ゲーリングの司令部はベルリンから、とりあえずルーマニアに移される。彼は一八日には現地に到着するだろう。その間に空軍の第二線部隊はフランスからポズナニ〔ポーランド〕に移転することになっている。

ドイツ、フィンランド、ルーマニア参謀部間の共同行動に関する交渉は、急ぎなされるだろう。連日のソ連上空の偵察飛行には、フィンランドのパイロットも参加する。

情報源が入手した文書によれば、主攻の対象はムルマンスク、ムルマンスク鉄道、ヴィルノ〔ヴィルニュス〕、ベロストク、キシニョフであり、東プロイセンから北回り、ルーマニアから南回りに迂回し、ポーランド総督府国境付近の赤軍を包囲する挟撃戦術をとる。

空軍司令部は、モスクワと近郊の航空機工場、バルト海および白海運河の諸港を爆撃する考えである。

## 【資料⑭オ】日本外務省の独ソ開戦の情勢判断と対処方針（一九四一年六月二三日）

一　情勢認識

(1)　英米はソ連に対し積極的に援助を与えることとなり、英米ソ支の連携が実現されるだろう。（略）

(2)　英米はソ連との連携と並行し、対日宥和政策を実行し日本に対し三国同盟離脱の方策を講ずるであろう。

(3)　ソ連に関しては次のごとき事態の発生が予想される。

a　西部戦線においては敗戦を免れず、結局シベリア方面に遷都し長期抗戦を策することになろう。ソ連軍の東部方面への後退集中、空軍基地の拡充は英米との連繫と相まって、日本への重大脅威となる恐れがある。

b　スターリン政権の覆滅と国内混乱

(4)　ドイツは撃ソと並行してイギリス打倒に全力を傾注するだろうが、イギリスと和平する恐れがないとはいえない。

(5)　帝国内では二つの事態が生ずるだろう。

a　中立条約は維持されるが、「北伐南進」両論が沸騰する。

b　米英蘭印などの対日経済封鎖は急速に強化され、シベリア鉄道の完全閉鎖によりドイツよりの物資の輸入が途絶し、本邦経済に至大な影響を与えるだろう。

二　対策

独ソ開戦直後は一応静観の態度をとりながら、左記の方策を講ずる。

(1)　支那に関しては次のように措置する。

a　「撃ソ南進」両略に備えるため満洲および仏印に陸軍兵力を集中することを理由に、汪政権の強化の具現が緒に就いたと標榜し、日華条約の規定に従い、ただちに在支戦線の収縮を断行する。

b　（略）

(2)　アメリカに対しては従来の交渉をそのまま続行する態度で対処するとともに、英米の宥和政策を巧みに利用して支那事変の処理に活用し、全面的和平促進に資する。

(3) 枢軸中心の外交政策を堅持する。英米の宥和政策を利用するにあたっても、アメリカが参戦すれば日本もただちに参戦せざるをえなくなることを明らかにしておく。

(4) ソ連に対しては、国内混乱に陥る場合はただちに北樺太および沿海州の保障占領を行い、引き続きその他の工作を行う。親独新政権が成立する場合は……（略）。

(5) 仏印およびタイに対しては漸次兵力を集中し、飛行基地の供与などの政治・軍事的要求をなし、わが南進政策遂行の準備を強化する。蘭印に対しても、わが実力的準備と並行し、従来の主張を貫徹するよう努力する。

**[資料⑭カ]日本外務省の対ソ外交交渉要綱**（一九四一年八月四日）

一、二　当面の対ソ折衝と交渉項目（略）

三　交渉方針

(1) 北方問題の解決は、大東亜共栄圏確立の国策完遂に資するため北方よりの脅威を芟除《かじょ》し、かつ北方資源を確保することを目標とする。右目標はまず外交によって達成することに努め、武力による解決は既定の国策に従い形勢がわが方にとって有利な場合にのみ行う。

(2) ソ連に対する外交交渉はただちに開始し、日ソ間の正常な国交関係をするような、また大東亜共栄圏確立の妨害となるようないっさいの事情および原因の排除を要求する。このため帝国としては、日ソ中立条約上の義務履行を明言する。

(3) 対ソ外交交渉を行うにあたっては、ドイツに対し帝国の立場および役割を腹蔵なく説明しておくものとする。なお、独ソが休戦する場合、ドイツの対ソ要求が極東に関する事項（たとえばシベリア鉄道、ウラジオ港）におよぶ恐れがあるので、この点にも留意して対独話合いを行うこととする。

(4) いかなる変局にも対処しうるよう至急対ソ武力的準備を整えるが、偶発的事件によって対ソ戦の開始に至ることを厳に戒める。既定の国策に従い、内外の情勢わが方に有利となるのでなければ、ソ連に対する武力の行使は行わない。

**［資料⑭キ］赤軍参謀本部諜報総局特別報知No.668217　関特演**（一九四一年八月二〇日）

一　ドイツによる日本対ソ参戦督促

信頼できるエージェント情報によれば、ドイツは、日本の対ソ参戦の長期にわたる待機と遅れに不満を露わにしている。駐日ドイツ大使オットは、日本政府に可能な限り急いで参戦するよう圧力をかけている。

二　日本軍の満洲・朝鮮への部隊の移動・集結

諜報総局の資料によれば、日本軍の新規部隊の満洲・朝鮮への到着が確認されている。八月一〇〜二〇日に満洲・朝鮮へ到着したのは、歩兵四個師団、自走砲兵二個連隊である。内訳は、

a　八月一三〜一四日に大連に歩兵一個師団、自走砲兵二個連隊（一〇五ミリ砲、一五〇ミリ榴弾砲）が到着。北方に輸送されたが、地区は不明。

b　八月九〜一五日に南朝鮮（釜山、元山）に歩兵一個師団が到着。師団は京城、元山経由で沿海地方へ（地区は不明）。

c　歩兵一個師団が北朝鮮の雄基、羅津、清津港に到着した。師団は琿春方面に配置された。

d　歩兵一個師団が北朝鮮から奉天、ハルビン経由でスィファア地区（サハリン方面）へ移動した。

以上、部隊番号は特定できなかった。以前伝えられた歩兵第一六師団の満洲移動は確証できなかった。

こうした移動の結果、朝鮮では移動した第一九、二〇師団の四個連隊から新たに歩兵一個師団が編成された。結局八月一〇～二〇日に満洲、朝鮮では歩兵五個師団、砲兵二個連隊が増えたことになる。

結論

一　日本政府は、ドイツと軍部の圧力のもと対ソ戦争の準備を急いでいる。対ソ参戦日の最終的決定はまだだが、エージェント情報ではソ連攻撃は八月中には可能だという。

二　満洲、朝鮮への部隊集中は、基本的には完了したとみられる。しかし、近い将来中国から満洲にさらに歩兵一〇個師団を補充する可能性もある。日本軍部は、情勢によっては日本から大陸へ相当数の部隊と軍需物資をひそかに移動したことがある。この方法は、開戦時に起こる日本軍移動問題〔の困難〕を大きく緩和することになる。部隊編成が進むと、日本軍によるわれわれに対する軍事行動の可能性が高まることを考慮しなければならない。

三　日本軍の主力部隊〔歩兵一五個師団、戦車七個連隊、砲兵九個連隊〕は、沿海部に集中され、日本軍の対ソ戦争の主攻を構成することになる。と同時に、ザバイカル、ハイラル、索倫《ソロン》方面の部隊も強化されていることに留意すべきである。

**【資料⑭ク】同右特別報知№６６８３１３　日本支配層の動向**（一九四一年八月二九日）

日本の支配層内部で、ソ連攻撃の時期をめぐって意見の相違がある。

東京からの信頼できるエージェント情報によれば、アメリカの対日政策の硬化にともない、最近日本政府内部で、ドイツ側に立った即時参戦の支持者と、待機政策をとる者との違いが生じた。近衛は後者の立場を支持しているようだ。軍内部も、この問題で統一されていないわけではない。陸海軍指導層も二分している。関東軍、朝鮮軍の合同司令部、陸軍軍務局長の武藤章少将らは対ソ即時開戦を要求している。主として支那駐屯軍司令部、海軍に依拠する勢力は南方・南洋での積極的な行動を支持している。ドイツは、日本の対ソ戦争の遅れにおおいに不満を抱き、引き続き日本政府に圧力をかけている。

わが諜報機関の情報筋が、近衛の立場を確認し、彼が最近、梅津美治郎関東軍司令官に、ソ連国境における挑発行動を避けるよう指示したことを報告してきた。東條英機陸相は日本がソ連と戦争する機が熟していないという考えだが、日本軍集団はわが国への敵対を強めている。

独ソ戦争の二カ月間、日本軍指導部は二度にわたって満洲および朝鮮の兵力を増強した。六月二二日時点で歩兵一二個師団、戦車六個連隊、砲兵一二個連隊〔予備〕だったが、八月二九日には満洲および朝鮮に歩兵二八個師団、砲兵一二個連隊〔予備〕、航空機三七個編隊、その他合計兵力一〇〇万を集中した。

同時に、インドシナ駐屯兵力は八月二九日時点で、歩兵三～四個師団、兵員数にして七～八万になった。このほか来るべき追加動員では、予備役第三、四順位、兵員数にして三〇～四〇万人が予定されている。

このように満洲および朝鮮で兵力が著しく増加したのが、ソ連攻撃のためであることは疑いない。日本政府内部における攻撃時期の違いは、近衛グループが攻撃にもっとも有利な時期を待っているからである。

コラム

# Ⅵ

## ソ連の対独諜報団「赤い楽団」

ソ連の対独諜報団として知られる「赤い楽団（ローテ・カッペレ）」は、山下公子『ヒトラー暗殺計画と抵抗運動』（講談社選書メチエ、1997年）が書いたように、ドイツ諜報機関が命名したもので、その実態は長いこと不明だった。しかし、ソ連崩壊にともなう公文書機密解除により、ロシア連邦対外諜報庁所蔵のNKVD在ベルリン諜報員コードネーム「コルシカ人」および「曹長」による暗号電報（1940年６月９日〜41年６月16日）が『軍事史雑誌』1995年６月号に掲載された。

「コルシカ人」はドイツ経済省職員アルヴィド・ハルナック、「曹長」はドイツ空軍上級中尉ハロ・シュルツェ＝ボイゼンである。ハルナックは「ナチ法律家同盟」に加盟し、1937年にはナチ党にも加入した。シュルツェ＝ボイゼンは名家の出身だが、ゲシュタポの監視をくぐりぬけながら、空軍内では普通に昇進した。２人は1935年に出会い、41年時点では在ベルリン・レジデントゥーラ副責任者Ａ・コロトコーフの指揮下にあった。たとえば5月11日「曹長」発電には、ドイツ空軍司令部ではソ連攻撃の準備が急ピッチで進められている、ドイツへの輸出拡大と共産主義宣伝禁止を最後通牒として突きつけ、ウクライナの工業中枢と企業にドイツのコミッサールを派遣すると伝え、続いてソ連の士気低下を狙う「神経戦」を展開すると記されている。

『軍事史雑誌』1996年第２号によれば、ハルナックとボイゼンのソ連側諜報員との接触は1938年からの大量粛清により困難になった。1940年９月ソ連大使館参事官Ａ・エドベルク（コロトコーフの代理）と知り合い、無線機の更新もあって情報がスムースに流れるようになった。コロトコーフの活動が鈍ったので、レジデントのＡ・コブローフがモスクワの兄（NKVD有力者）経由でベリヤ（内務人民委員）に訴えたが、進展はなかった。まもなく41年６月22日独ソ戦が始まり、シュルツェ＝ボイゼン、ハルナックらの「緩やかなグループ」（年齢も思想も多様だったから「赤い」は不適切、バイオリンを弾く女性がいたが「楽団」にはならない）は、42年９月にいっせいに逮捕され、２人は「無線によってモスクワへ情報を流し続けたスパイ行為」の罪状で投獄され、91人もの被告が死刑判決を受けた。

## スターリンの極東兵力西送決定

ドイツのソ連侵攻が順調に進んだのは、開戦から四カ月余りにすぎない。とはいえ、ソ連としてはドイツ国防軍三集団軍のうち、首都モスクワへ進撃する中央集団軍はなんとしても阻止しなくてはならなかった。首都機能の一部をクイブィシェフに、欧州部の主要工場をウラル山脈以東に疎開させても、首都は死守しなければならなかった。そのために、極東・シベリア方面の部隊の相当数を西送させることが喫緊の課題となった。

七月二九日、参謀総長のジューコフはスターリンに、中央戦線に三個軍（九個軍団＝二七個師団）を投入する、うち一個軍は西部方面からまわすことを提案した。スターリンはモスクワ防衛自体が弱まる懸念を示した。ジューコフは、一二～一五日以内に極東から、戦車一個師団を含むフル装備の八個師団を移動させることができるのでモスクワ防衛は強化されると説明した。しかし、スターリンは極東からの兵力移動につき沈黙してしまった。（VIZh, 2010, No.2, 50-57）

スターリンの次の行動は、一〇月一三日に極東軍管区司令官I・アパナセンコ、太平洋艦隊司令官I・ユマーシェフ、党沿海地方委員会第一書記N・ペゴーフをクレムリンに呼びつけ、モスクワ防衛のための極東兵力の西送に関する意見を求めた。この日は結論が出なかったが、数日後スターリンはアパナセンコに電話して、一〇月末、一一月に西方に何個師団を再配置できるかと問うた。アパナセンコは、狙撃（歩兵）一二個師団、戦車七～八個部隊（おそらく旅団）を西送できる、鉄道運行が順調ならさらに増やせると答えた。これが最終決定だったようで、実際には狙撃二三個師団と戦車一九個旅団、兵員総数二五万超（平時編制で師団八〇〇〇、旅団三〇〇〇）が西送され、一二月初めのモスクワ反攻にまにあい、ドイツ軍を押し返すことになった。

最高総司令官スターリンは、同代理であるジューコフ元帥がレニングラード、モスクワを督戦中だったため、移動元の極東軍管区司令官ではあったが、「騎兵閥」出身のアパナセンコ大将に意見を訊いたのである。アパナセンコは内戦時からブジョンヌィの部下で、スターリンお気に入りのウォロシーロフと同じ「騎兵閥」だったから大テロル（粛清）を免れたものと思っていたら、自己保身のためか、上司の右二人を「売る」かのような発言をしていたというから、スターリンとしても全幅の信頼は置けなかったはずである。アパナセンコは、シベリア鉄道に並行する自動車道（戦時の物資輸送に鉄道と併用）を、内務人民委員Ｌ・ベリヤに強引に頼んで囚人に建設させ、予定どおり終わらせたというから辣腕にみられるが、これはベリヤを怒らせた。それでも無事だったのはスターリンの庇護によるとしか考えられない（戦時中の欧州戦線で戦死したので、大戦を生き抜いた将星との比較はできない）。

（VIZh, 2017, No.10, 69-76）

**【資料⑮】オット大使の日本参戦断念**（一九四一年九月一一日）

ドイツ大使オットは、日本のソ連攻撃に対する希望を完全に失った。白鳥〔敏夫、前イタリア大使〕はオットに、日本が開戦するとすれば、原料――石油や金属が得られる南方にだけである。北方では日本

コラム

# Ⅶ

## 真珠湾攻撃とソ連の衝撃

すでに触れたソ連の戦略家スヴェチーンが、パール・ハーバー奇襲を1934年時点で考えていて、資源が少なく、工業力でも劣る日本の唯一の活路であると指摘したことは知られていない。(1) 日本は経済力からして第一級の陸軍と海軍を同時に保有できない。(2) 陸海軍は不和だという伝統もある。(3) 二正面戦争はできないし、満洲に航空基地を集中して諸方面に出撃させることも航続距離から難しい。(4) 海洋国家日本としては、大規模戦争に勝利するには空母搭載の航空隊に依存するほかない。(5) それでも抵抗線は東京を中心に半径3000キロ圏内だから、日本軍が1942年に唱えた「絶対国防圏」よりはるかに狭い。(6) 真珠湾を奇襲攻撃したら、この抵抗線内で守備に徹するということであろうか (ViZh, 2000-3, 38-51)。

日本の連合艦隊には、潜水艦の航続距離延長に着目した「漸減邀撃」作戦という戦略があった (提唱者は「艦隊派」の末次信正で、「航空派」の山本五十六と対立)。アメリカ太平洋艦隊を一撃では仕留められないので、潜水艦がハワイ基地から日本近海に誘き寄せ、敵艦隊主力に打撃を加えながら戦力を漸減させ、日本近海で艦隊 (戦艦) 決戦により殲滅するというものである。

他方、米海軍が空母で日本近海に接近することは、本土出撃機の邀撃を受け、艦載機は航続距離からしても帰投困難だった (42年4月のドゥーリットル空襲は、実害を与えるよりは宣伝効果をねらったもので、艦載機は中国大陸に着陸した)。米軍はサイパン、テニヤンを奪取して長距離大型爆撃機の飛行場を建設し、44年11月以降の、B-29による空襲で致命的ともいえる損害をもたらした。

このスヴェチーン論文は公表されなかったが (37年処刑)、1942年3月にスターリン、シャーポシニコフ連名で出された、日本に攻撃された場合の作戦命令には、極東方面軍から太平洋艦隊に移管された長距離爆撃機で日本本土への爆撃を敢行する案が含まれていた (河西『スターリンの極東戦略』78-79)。日本とは中立条約を結んでいたが、ソ連が真珠湾奇襲に大きな衝撃を受けたことは疑いない (ただし、1945年3月の対日防衛戦争の企画では示唆ひとつされていない)。

は十分な援助が受けられない。ドイツの在日海軍武官の一人パウルは、日本のソ連攻撃はもはや問題にならないと述べた。彼は、近衛・ローズヴェルト交渉が成功するとは思えず、タイ、ボルネオに対する侵攻が準備されていると語った。マニラも占領されると考え、それは日英戦争を意味すると述べた。

## ゾルゲ諜報団の壊滅

日本の警察がゾルゲ諜報団の活動をいつから気づいていたか、確証はない。東京都心から正体不明の無電が発せられていることがわかっても、暗号電報を記録したのは東京都市逓信局で、一九三七年一〇月のことだった（解読は先述のようにクラウゼン逮捕後）。三八年八月に石井花子の東中野の家に憲兵（陸軍）が訪ねてきて、いつ知り合ったか、どういう関係かと探りを入れてきた。体よく追い返して、ゾルゲには話を伝えた（動揺する素振りはまったく見せなかった）。

（石井『人間ゾルゲ』六九―七〇）

四〇年三月に川合貞吉が宮城与徳を訪ねると、宮城が身辺を警察が嗅ぎまわっていると言った。尾崎秀実の「満鉄関係のある書類」を「ある仲間の家」（おそらくゾルゲ宅）に行って返してもらいたいのだが、尾行されるので困っているとも語った。川合自身も尾行を感じていた（刑事の姓まで記して）。その後に宮城と喫茶店で会ったとき、「僕はもうすっかり取り囲まれている。今日検挙《あげ》られるか、明日やられるか――そんな気持ちで毎日を送っている。おたがいにこれが

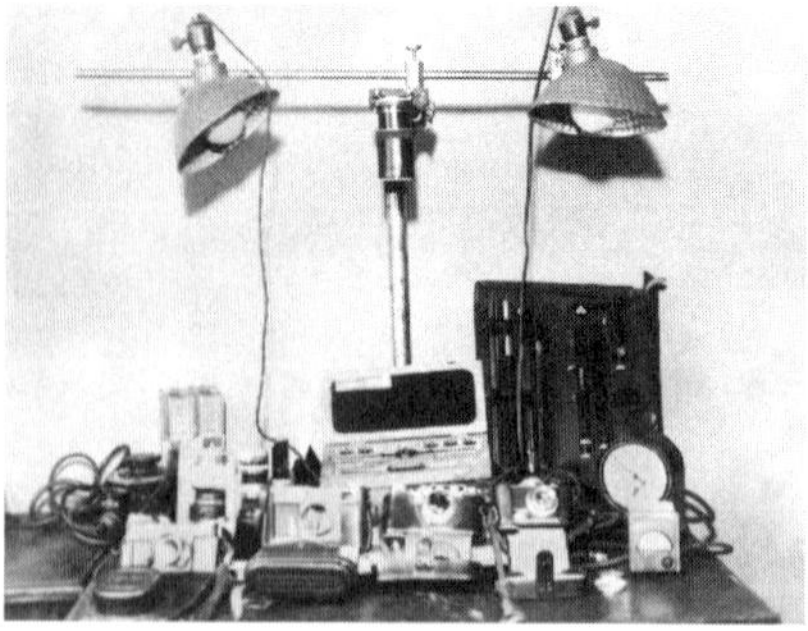

ヴーケリッチが使用していた無電機。共同通信社提供

最後になるかも知れないね」と語り、「春の淡雪のごとく散って行くさ」と漏らした。

（川合『ある革命家の回想』四九五～四九七）

一九四一年九月末に最初に検挙された北林トモは、一九二〇年に渡米、宮城の影響によりロサンゼルスでアメリカ共産党日本支部員となり、三六年に帰国した。和歌山刑務所で一緒だった九津見房子はトモがクリスチャンだったと証言しているが、トモは東京麻布署に移された。同じアメリカ帰りということで目をつけられていた宮城与徳が一〇月一一日に、一三日には九津見が検挙された。宮城は築地署の三階窓から投身自殺を図ったが失敗し、翌日にはゾルゲ、M・クラウゼン、B・ヴーケリッチ、尾崎、川合からなるグループの存在を自供した。通報を受けた警視庁特高外事課は、ゾルゲのドイツ大使館との関係を知るだけに、その検挙に躊躇した。

（尾崎『ゾルゲ事件』一三二）

一五日にクラウゼンがゾルゲを訪ねたところ、ゾルゲが落ち着かない様子だった。一三日に自宅に来るはずの宮城が現れず、一五日に満鉄ビルのレストラン「アジア」で落ちあうはずの尾崎が来なかった。尾崎は同じ日の早朝に検挙されていたのである（目黒署に拘留、その夜半には自白しはじめた)。一七日夜、臥せているゾルゲをヴーケリッチ、ついでクラウゼンが訪れ、酒を酌み交わした。ゾルゲは「ジョーもオットーも会いに来なかった。警察に捕まったに違いない」と語った(クラウゼンはこの時初めて宮城と尾崎の本名を知った)。(『ゾルゲ事件4』一五三―一五四)

一八日早朝、特高の大橋秀雄刑事は、ゾルゲ宅に近い鳥居坂署に詰めて任務に就いた(東京地裁担当検事の吉河光貞も地裁で待機していた)。ゾルゲは抵抗もせず、検挙・連行された。ほぼ同時刻に検挙されたクラウゼンは三田署、ヴーケリッチは神楽坂署に拘留された。クラウゼンは、家宅捜索で押収された無電機を目の前に出されると、観念して自白しはじめた。ゾルゲは「この不快極まる検挙を、日本の外務省はオット大使に通告したか。自分は大使の立ち合いがなければ一言も陳述はできない」と言い放った。彼は取調室を歩きまわりながら、この検挙が日独友好におよぼす影響につき滔々《とうとう》とまくし立てた。(尾崎前掲書一三三～一三四)

**【資料⑯】ゾルゲ諜報団検挙**(機密電信、一九四一年一〇月三〇日)

五日前インソン〔＝ゾルゲ〕とヴーケリッチが逮捕された。小代〔好信〕によれば、ヴーケリッチと二九日に会ったとき、彼はインソンとは会っていないし、どこにいるかもわからないと語った。小代が逮捕されたとは誰もいっていない。ヴーケリッチが本件を理由にではなく逮捕されたとすれば「インソン会社」のことを洗いざらい喋ってしまうかもしれない。調べが進めば、小代のことも明るみに出る。

| | 嫌　疑 | 判決等 | 備　考 |
|---|---|---|---|
| | 治安維持法・刑法 | 懲役5年 | アメリカ共産党員 |
| | | なし | 同上、43.08.02獄死 |
| | 軍機保護法 | 懲役7年 | |
| | 治安維持法・刑法 | 懲役8年 | 三田村四郎の妻 |
| | 国防保安法・軍機保護法・治安維持法違反 | 死刑 | 44.11.07執行 |
| | 同上 | 懲役13年 | |
| | 同上 | 死刑 | 44.11.07執行 |
| | 同上 | 終身刑 | 戦後に釈放 |
| | 同上 | 同上 | 44.01.13獄死 |
| | 治安維持法・刑法 | 懲役10年 | |
| | 尾崎に同じ | 懲役13年 | 44.05.03上告棄却 |
| | | 懲役3年 | マックスの妻 |
| | | 懲役12年 | |
| | 治安維持法・軍機保護法 | 懲役10年 | 45.02.27獄死 |
| | | なし | 42.12.27獄死 |
| | 尾崎に同じ | 懲役15年 | |
| | 治安維持法・刑法 | 懲役2年(猶予5年) | |
| | | | |
| | | | |
| | | 懲役2年(猶予3年) | |
| | | 無罪 | |
| | | | |
| | | | |
| | | | |

## 表6　ゾルゲ事件被検挙者一覧

| 検挙日 | 氏　名 | 年齢 | 職　業 | 起訴年月日 |
|---|---|---|---|---|
| 41.09.28 | 北林トモ | 57 | 洋裁業 | |
| 41.10.10 | 宮城与徳 | 40 | 洋画家 | 42.05.16 |
| 41.10.13 | 秋山幸治 | 53 | 無職 | |
| 同上 | 九津見房子 | 53 | 会社員 | |
| 41.10.15 | 尾崎秀実 | 42 | 満鉄嘱託 | 42.05.16 |
| 41.10.17 | 水野　成 | 33 | 坂本記念館職員 | |
| 41.10.18 | **リヒャルト・ゾルゲ**(ドイツ人) | 48 | ドイツFZ特派員 | 42.05.16 |
| 同上 | **マックス・クラウゼン**(同上) | 44 | 蛍光複写版製造業 | 同上 |
| 同上 | **ブランコ・ヴーケリッチ**(クロアチア人) | 38 | アバス通信社補助員 | 同上 |
| 41.10.22 | 川合貞吉 | 42 | 会社員 | |
| 41.10.29 | 田口右源太 | 40 | ブローカー | |
| 41.11.19 | アンナ・クラウゼン(ドイツ人) | 43 | 無職 | |
| 41.12.15 | 山名正実 | 41 | 会社員 | |
| 42.01.04 | 船越寿雄 | 41 | 支那問題研究所 | |
| 42.03.31 | 河村好雄 | 33 | 満洲日日上海支局 | |
| 42.04.11 | 小代好信 | 34 | 会社員 | |
| 42.06.08 | 安田徳太郎 | 45 | 開業医 | |
| 検挙されたその他18名のうち有力人物のみを以下に列挙 | | | | |
| 41.11.14 | 篠塚虎雄 | 41 | 鉄工所経営 | 不起訴・釈放 |
| 42.03.15 | 田中愼次郎 | 43 | 東京朝日政経部長 | |
| 42.03.16 | 西園寺公一(きんかず) | 37 | 元外務省・内閣嘱託 | 42.05.16 |
| 42.04.04 | 犬養　健 | 47 | 前代議士 | 同上 |
| 42.04.11 | 後藤憲章 | 44 | 満鉄奉天鉄道総局員 | |
| 42.04.13 | 宮西義雄 | 33 | 満鉄東京支社調査員 | |
| 42.04.28 | 磯野　清 | 36 | 東京朝日陸軍省詰め | 不起訴・釈放 |

※太字は非合法レジデント

※ここで小代の名だけが出てくるのを奇異に思う向きもあろうが、ゾルゲは「本当の協力者だと思ったのは〔一度会った〕小代だけであった」と「獄中手記」に記している。彼が二度も満洲に出征し、関東軍の部隊編成、兵器に詳しく、諜報団の弱点をカバーしてくれる人物だとゾルゲが考えたからで、諜報本部にもコードネームのミキを伝えてあったためだろう。

（『ゾルゲ事件1』一九〇）

さて、駐日ドイツ大使館はゾルゲ逮捕の報に動転した。日本外務省による大使館への知らせには、スパイ容疑でゾルゲとクラウゼンを逮捕したとしか記されていなかった。翌日オット大使は、E・コルト公使に日本外務省に抗議するよう指示した。ゾルゲをスパイだと思った大使館員は一人もいなかった。在日特派員は全員が署名して、彼のスパイ容疑を否認し、即時釈放のための措置をとるよう求めた。ナチ党東京支部長も党員ゾルゲのために同様の声明書を出した。親衛隊本部からゾルゲの過去（ドイツ共産党やコミンテルン所属）に対する疑念が完全には晴れていないとして、観察を命じられていたゲシュタポ駐在官のマイジンガーSS大佐も、ゾルゲと飲み交わしているうちにすっかり意気投合し、スパイ嫌疑はまったく信ずるに足りないと断じた。

オットの強い要求で、逮捕後五日目にゾルゲと面会する許可が得られた。巣鴨刑務所での三分間の面会だった。オットが「弁護人をつけようか、ほかになにかしてほしいか」と問うと「いいえ、結構です」と返ってきた。「なにか私にいいたいことは？」に対しては「いいえ、どうか奥様とご家族によろしく」と答えただけだ。ゾルゲが「これでお別れですね」といったことで、オットは有罪であると理解した。オットはやがて罷免されたが、リッベントロプ外相もこの事件を内外に公表するわけにはいかず、ドイツ国民は知らずに敗戦を迎えることになる（ヴィッケルト『戦時下のドイツ大使館』三二〜三五）。

日本では一九四二年五月一六日に、司法省がこの「国際諜報団事件」の概要を公表した。コミンテルンが指揮したとされたが、この団体は有名無実化していて翌年には解散される。国際共産主義による世界の赤化を強調し、「国体」讃美と「大東亜戦争」勝利（公表時点では日本優勢）を印象づけたかったのだろう。

# 結語

本書は、従来のゾルゲ研究の枠組みを超えて、彼が属した赤軍の軍備増強と近代化、それをめぐる内部闘争の文脈において考察したものである。むろん、ゾルゲは重要な諜報要員だったが、こうした路線闘争には関与しなかったし、してはならなかった。しかし、赤軍諜報総局はスターリンの直轄下にあり、局長のベールジン、ウリツキーに重用されただけに、彼らの粛清により、ゾルゲも「独ソ二重スパイ」の疑いをもたれ続けた。従来の研究では概して、赤軍における党と職業軍人の対立（後者の将校には帝政ロシア軍出身者も少なくなかった）、党の統制機関たる政治部の介入と「単独責任制」（軍の指揮系統への一本化）との関係が重視されてきた。軍近代化をめぐる対立――内戦期の経験を重視する「騎兵派」と大戦に由来する新兵器を中心とする「機甲派」との対立――は指摘されても、その具体的実情は十分に解明されてこなかった。

一九三〇年代後半の「赤軍大粛清」は、トゥハチェフスキーら機甲派、その配下にあった数千の高級将校の銃殺として描かれ、独ソ戦争緒戦における大敗の原因とされた。しかし、「騎兵派」の排除、国防人民委員ウォロシーロフの解任は一九四〇年初めであり、年末の赤軍最高スタッフ会議では、トゥハチェフスキー理論＝「縦深作戦」論が事実上（本人の名を挙げることなく）復活し、赤軍の再建が着手された。ただし、独ソ戦に十分に備えられたかといえば、そうではないし、スターリンの前線からの情報さえ信用しない猜疑心により、装備、兵員は十分でもバルバロッサ作戦に対する防御態勢はできていなかった。ソ連でも右四〇年会議は軽視され、ましてや軍事を軽視する日本のソ連史学では取り上げられもしなかった。本書は、そうした「歴史の空白」を埋める試みである。

なお、欧米の研究では、サミュエルソンの著作（後掲参考文献【ソ連軍事・軍部史】⑧）が参考になったので一言述べたい。戦前の経済計画と軍事支出との関係の変遷をデータで示し、スターリン、ウォロシーロフ、トゥハチェフスキーの主張の違いや対立の文脈で考察した好著である。トゥハチェフスキーの主導が目立つが、その特徴は野心的な軍備拡大の量やテンポにあるばかりではなく、オルジョニキッゼの重工業部門と連携し、戦車増産もトラクター工場を転用するなど、経済合理的な側面もあり、それをスターリンも認めざるをえなかったとみる。それだけに、この著作が一九四〇年末の右会議におけるトゥハチェフスキーの復権に触れていないのは「画竜点睛を欠く」の感を免れない。

本書のタイトルを最終的に『ゾルゲ工作と日独ソ関係——資料で読む第二次世界大戦前史』としたのは、一九三〇年代後半が第二次世界大戦に至る壮大な世界史的ドラマの一環であることを強く意識し、「歴史総合」を学ぶ高校生には難しくとも、教える先生方には役立つと考えたからである。大戦の枠組みは、一九三七年の中ソ不可侵条約により、米英中ソ対独伊日に決まったかに思われたのだが、三九年の独ソ不可侵条約こそが大戦を決定づけ（ドイツのポーランド侵攻）、三九〜四一年の二年間は、イギリスを除く全欧州を独伊枢軸が制圧し、三国同盟にソ連が参加する可能性さえ生まれた。他方では、フランスとオランダの対独降伏が仏印、蘭印に対する日本の進出の好機として「南進」論が有力になり、ソ連はドイツによる侵攻を受けてからは米英中の連合国に加わり、二正面戦争を避けて日本との中立条約を大戦末期まで維持した。

しかし、三国同盟は独ソ不可侵条約締結によって生まれた日本の対独不信が尾を引き、軍事同盟に格上げしたものの「自動参戦条項」を含まない「空虚な同盟」となった。ドイツが最低限の要求としたシンガポール占領は、日本の対米英戦争直後にようやく実現されたくらいで、ほかにこれといった協力はなかった。やがて米英陣営と枢軸陣営の国力差が徐々に現れ、前者の対ソ・レンドリース（武器等の貸与）もあって後者の敗北への道がはじまることになる。一九四一年のゾルゲとしては、ドイツによるソ連攻撃の時期を指導部に伝え、ソ連がモスクワ近郊まで侵攻されても、少なくとも冬期は日本軍の参戦・支援がないと知らせるしかなかった。それが、八年におよぶ日独ソを股にかけた諜報活動の成果であることは疑いない。

第二次世界大戦前史として知見を得た著作は後に掲げるが、まずは斉藤孝『第二次世界大戦前史研究』（東京大学出版会、一九六五年）が挙げられる。斉藤著が従来のトレヴァ・ローパー、A・テイラーの議論を紹介した点、独ソ不可侵条約をめぐる資料・研究状況を整理した点にはおおいに感銘を受けた。私がソ連研究と並んでナチ研究にも、当時やっと確立しようとしていた「国際関係論（史）」全般にも目を配るようになったのは故斉藤先生のおかげである。

ナチズム研究の栗原優は、『第二次世界大戦の勃発』と『ナチズムとユダヤ人絶滅政策』（ミネルヴァ書房、一九九七年）を組み込んだ『ヒトラーと第二次世界大戦』を二十数年を経て二〇二三年三月に刊行した。第一部が「勃発」である。附章の研究史で記しているように、分析の立場は「意図派」でも「機能派」でもない。ヒトラーの意図、プログラム＝『我が闘争』から説明するのでも、国防軍や親衛隊＝SS、経済官庁や外務省の有力指導者とその管轄部門の競合関係に着目して構造的に説明するのでもない。ヒトラーはズデーテン危機、対波戦、対仏戦のいずれでも強硬策をとって、大規模な戦争に反対した国防軍幹部を屈服させ、領土獲得の実績と「世界に冠たるドイツ」の気分をもって国民の支持を拡大したものの、対英戦でつまずき、ついにソ連侵攻におよんだ。短期間で「弱い」ソ連を降伏させてから対英戦に戻ると称して「二正面戦争」のタブーを犯し、「生存圏獲得」の妄想に囚われ、ホロコーストをともなう「絶滅戦争」に陥って自滅した。この過程は、合理的決定論では説明できず、ヒトラーのイデオロギーと「非合理性」を重視すべきだというのが栗原の立場である。

ソ連史の著者としては古くからヒトラーとスターリンの異同を考えてきたが、本書では、スターリンが自ら大弾圧を加えた赤軍を独ソ戦直前に、トゥハチェフスキーの「縦深作戦」論と最新装備で再建するようになったことを明らかにした。ドイツ軍とレニングラード、モスクワ、スターリングラードで個別に戦ったこと、重要産業をウラル以東に疎開させて兵器生産を行ったことは、極度に中央集権的だったスターリン体制を部分的に分権化するうえで貢献したという見方は、ロシアの畏友フレヴニュークにかつて教えられた。スターリンが、ヒトラーのように作戦の細部にまで介入し、失敗すると現地司令官らを解任するのとは異なって、ジューコフ、ワシレフスキーら職業軍人の知見と判断を尊重し、自らはテヘラン会談など連合国首脳とグランド・ストラテジー策定レベルで尽力したことは、両独裁者の違いとして強調されてよい。

ロシアの研究状況については「序言」でおよそ紹介済みだが、最近の「愛国主義的」「ロシア・ファースト」的な歴史の歪曲には驚きを禁じえない。第二次世界大戦の起源は一九三九年の独ソ不可侵条約締結であるという定説が覆されて、英仏による対独宥和、ドイツの矛先をソ連に向けさせようとした三八年のミュンヘン会談だという議論である。これは以前からあったが、最近では対米関係の悪化にともない、中国を引きつけようと三七年の日中戦争こそが起源だという迎合的な意見まで登場した。しかし、なんといっても最大の歴史歪曲は、一九四〇年春のスモレンスク郊外カティンの森における捕虜ポーランド人将校らの大量虐殺をナチ・ドイツのせいにするという大戦期・戦後期の主張の復活である。ペレストロイカ期にゴルバチョフがソ連NKVDの仕業と認め、プーチンも首相時に現地で謝罪したはずのカティン事件の評価を真逆に戻したことは（*Ria Novosti*, April 11, 2023)、ウクライナ戦争で最大の支援国となったポーランドに対する、また国際社会に対する恥ずべき行為にほかならない。

それでも、史実に即した良心的な研究がわずかに残っていることは本文でも示しておいた。カティン事件についても、一九三九〜四〇年の独ソ関係がテーマで、虐殺事件とそのきっかけとなった四〇年三月五日付全連邦（ソ連）共産党中央委員会政治局会議決定が明示されている論文もある（*Voprosy istorii*, No.6, 2020)。

最後に、本書のなかでは、これまでに積み重ねてきたスターリン体制の内政・外交研究、ゾルゲと諜報機関の研究、比較的最近の戦争・軍事史研究を、本書のテーマ、序言で示したような問題意識によって整理、再構成し、篇別構成で示す。過去の業績で今回利用したものは次のとおり。

①『スターリニズムの統治構造——一九三〇年代ソ連の政策決定と国民統合』（岩波書店、一九九六年）

②O・フレヴニューク、富田訳『スターリンの大テロル』（岩波書店、一九九八年）

③『戦間期の日ソ関係——一九一七－一九三七』（岩波書店、二〇一〇年）とくに第四章「日ソ間の情報・宣伝戦——一九一七－一九三七」

④「戦間期のロシア内戦像――スターリン化とその矛盾」『年報政治学』（岩波書店、二〇〇〇年）
⑤富田・和田春樹編訳『資料集　コミンテルンと日本共産党』（岩波書店、二〇一四年）
⑥E・H・カー著、富田訳『コミンテルンとスペイン内戦』（岩波書店、一九八五年）
⑦「スペイン戦争研究覚書」『若松隆先生古稀記念論文集』（中央大学法学会、二〇一七年）
⑧「第二次世界大戦と日本――開戦・終戦過程の研究史的概観」（『成蹊法学』二〇一〇年一二月、同年のロシア語論文の邦訳）

# あとがき

私がゾルゲ研究を志したのは、故石堂清倫先生の影響である。スターリン体制研究から入って（R・メドヴェージェフの大著、石堂訳『共産主義とは何か』）、大テロル、コミンテルン、ゾルゲ、満鉄調査部、シベリア抑留と、石堂先生のテーマを追いかけてきたともいえる。また先生も晩年、私が年に二回のモスクワ出張からもち帰った新刊情報や学界の動向を聴かれ、ロイさんとの挨拶交換を取り次いだと記憶する。

もうひとつ、私が一九四五年生まれで、しかも京都の知識界の端っこに母方の祖父母がいたことも、ゾルゲ研究の遠因だったかもしれない。祖父は三高理乙（理系でドイツ語選択）、京都帝大で山本宣治の同級生（彼は留学で二年遅れた）、その従弟の安田徳太郎とも知り合いだった（宇治には「花やしき浮舟園」と呼ばれる草花園兼知識人のサロンがあった）。一九二二年のサンガー夫人の「産児制限」講演会（当局の介入で一般傍聴は許されなかったが、祖父が帝大の臨時講師をしていた）を聴いたと祖母が語っていたから、少なくとも相当リベラルだった。母はよく、うちの隣（吉田神社付近）は憲法の大家佐々木惣一先生で、同学年のお嬢さんと仲がよかったと言っていた。

やがて祖父母一家は東京に引っ越したが、改造社版『日本文学全集』があって、大学から大学院時代にかけて居候していた私は、プロレタリア文学も含めて、かなり読ませてもらった。最初がいつごろだったかは忘れたが、祖母から関東軍将校だった兄二人の話（うち兄はシベリアに抑留され、弟はレイテ島で自決）を何度も聴かされたものの、天皇崇拝や軍国主義の回顧とは無縁だった。安田徳太郎との縁は続き、子息一郎が短歌を嗜み、斎藤茂吉の歌会「アララギ」に属していて母とは同門、やがて次男（私の弟）が精神的な病に罹ったことにより、精神科医としてお世話になった（その一郎さんも三年前に亡くなり、回想記が送られてきた）。

時は流れ、私も喜寿を過ぎた。とくに、二〇二二年末のコロナに続き、翌年三月に「ウィルス性肝炎」に罹って、体重も体力も大きく減退した。あとどれくらい研究を続けられるか、本を書けるか、心もとないが、本書だけは憑かれたように書き上げた。今回も東京大学、成蹊大学などの図書館、関連研究者にお世話になったが、お名前は割愛する。

ウクライナ戦争によりモスクワに滞在しての研究が事実上不可能になったなかで、モスクワの友フレヴニュークさんからは、本書の資料につき貴重な助言があり、スターリン書庫から一部コピーさえも提供してくれ、感謝に堪えない。また、カリフォルニア大学サンタ・バーバラ校（長谷川毅さんが数年前まで勤務）博士課程で学んでいる村山颯《はやて》君が、私の求めに応じ「トゥハチェフスキーの政治的遺言」（と本文で呼んだ記事）を探し、ファイルをメール添付で送付してくれたことは嬉しかった。

本書の刊行に当たっては、山川出版社と編集部の本多秀臣さんにお世話になった。成蹊大学におけるゼミ生だった彼が出版社に勤めていることを思い出し、「学術書は売れない」と言われるのを覚悟でお願いしたところ、快諾してくださった。感謝に堪えない。

いつもながら私の健康を気遣い、日常生活でもサポートしてくれた妻には深く感謝したい。国語の非常勤講師の仕事を十数年続け、熱心に教えている姿を見ると、私が研究を大きくスローダウンし、彼女に古典（『源氏物語』）研究の時間をつくってあげたいと痛感している。


二〇二四年九月（ゾルゲ・尾崎刑死八〇年を前にして）

ゾルゲ忌や　昭和も遠くなりにけり

# 人名索引

※1:「、」以下はファースト・ネームを示す。
※2:〔〕内は国籍を示す。ソ=ソ連、ユ=ユーゴスラヴィア、西=スペイン。

## あ(ア)行



## か(カ)行



## さ(サ)行

## 資料出典、参考文献など

### 1　本書主要資料の出典等

①A.Feshun.《Delo Zorge》telegrammy i pis'ma (1930-1945). Moskva, 2018（『ゾルゲ事件――電報と書簡 1930-1945年』）※本文ではA. Fと略記。
②M. Alekseev.《Vernyi Vam Ramzai》. Rikhard Zorge i sovetskaia voennaia razvetka v Iaponii. 1933-1938 gody. Moskva, 2020; 1941-1945 gody. Moskva, 2020.（『貴方に忠実なラムザーイ――リハルド・ゾルゲと日本における軍事諜報活動』２冊）※本文ではM. Aと略記。
③ V. Zolotarev (pod red.). Sovetsko-iaponskaia voina 1945: istoriia voenno-politicheskogo protivoborstva dvukh derzhav v 30-40 gody. Moskva, 1997.（Russkii arkhiv, 18-7(1)）（『ソ日戦争、30-40年代の二大国の軍事的・政治的対立の歴史』）
④ V. Zolotarev (pod red.). Nakanune Voiny. Materialy soveshchaniia vyshego rukovodstva sostava RKKA 23-31 dekabria 1940 g. Moskva, 1993.（Russkii Arkhiv,12-1）（『戦争前夜――1940年12月23-31日労農赤軍最高スタッフ会議の資料』）
⑤Voenno-istoricheskii Zhurnal.（軍事史雑誌、1957年以降は東京大学総合図書館、教養学部図書館にあり）※本文ではViZhと略記。
⑥Lubianka: Stalin i Glavnoe Upravlenie bezopasnosti NKVD, 1937-1938. Moskva, 2004.（ルビャンカ――スターリンと内務人民委員部国家保安総局、1937-38年）
⑦Russko-kitaiskie otnosheniia v XX veke. T. IV, K.1: 1937-1944. Moskva, 2000.（20世紀の露中関係、第４巻第１冊、1937-44年）
⑧Rossiia XX vek: 1941 god, kniga 1, 2, Moskva, 1998（資料集「ロシア　20世紀」『1941年』、２冊）
⑨Dokumenty vneshnoi politiki SSSR（『ソ連外交政策資料集』1917年―）＊富田旧著で引用したものは註記しない。
⑩『日本外交文書』第二次欧州大戦と日本（三国同盟、中立条約）第１冊（2012年）
⑪ Rossiiskii Gosudarstvennui Arkhiv Sotsial'no-Politicheskikh Istorii, F.558, Op.2.（ロシア国立社会・政治史公文書館、スターリン個人フォンド）
⑫Rossiiskii Gosudarstvennui Voennyi Arkhiv, F.74, Op.2.（ロシア国立軍事公文書館、ウォロシーロフ個人フォンド）

### 2　参考文献

**【ゾルゲに関する非露語主要文献邦訳】**

①F・W・ディーキン、G・R・ストーリィ著／河合秀和訳『ゾルゲ追跡――リヒアルト・ゾルゲの時代と生涯』筑摩書房、1967年（のち、岩波現代文庫2003年）
②C・ジョンソン著／萩原実訳『尾崎・ゾルゲ事件――その政治学的研究』弘文堂、1966年
③ロベール・ギラン著／三保元訳『ゾルゲの時代』中央公論社、1980年
④ゴードン・W・プランゲ著／千早正隆訳『ゾルゲ　東京を狙え』上下、原書房、1985年（原著1984年。のち新装版2005年）
⑤ロバート・ワイマント著／西木正明訳『ゾルゲ――引裂かれたスパイ』新潮社、1996年（のち新潮文庫2003年）

⑥オーウェン・マシューズ著／鈴木規夫、加藤哲郎訳『ゾルゲ伝――スターリンのマスター・エージェント』みすず書房、2023年

**【第二次世界大戦前史】**

①斉藤孝『戦間期国際政治史』岩波全書、1978年（のち、岩波現代文庫2015年）
②同『ヨーロッパの一九三〇年代』岩波書店、1990年
③平井友義『三〇年代ソビエト外交の研究』有斐閣、1993年
④栗原優『第二次世界大戦の勃発―ヒトラーとドイツ帝国主義』名古屋大学出版会、1994年
⑤同『ヒトラーと第二次世界大戦』ミネルヴァ書房、2023年
⑥斎藤治子『独ソ不可侵条約――ソ連外交秘史』新樹社、1995年
⑦同『リトヴィーノフ――ナチスに抗したソ連外交官』岩波書店、2016年
⑧J. Haslam, *The Soviet Union and the Struggle for Collective Security in Europe 1933-39*, MacMillan, 1984.
⑨芝健介『ヒトラー――虚像の独裁者』岩波新書、2021年
⑩大木毅『独ソ戦――絶滅戦争の惨禍』岩波新書、2019年
⑪アダム・トゥーズ著／山形浩生、森本正史訳『ナチス　破壊の経済』上下、みすず書房、2019年
⑫渡辺延志『虚妄の三国同盟――発掘・日米開戦前夜外交秘史』岩波書店、2013年
⑬ベルント・マルティン著／林晶、樺島正法ほか訳『太平洋戦争と日独戦時同盟――真珠湾攻撃からドイツの降伏まで』ミネルヴァ書房、2023年
⑭ジョレス・メドヴェージェフ、ロイ・メドヴェージェフ著／久保英雄訳『知られざるスターリン』現代思潮新社、2003年
⑮オレーク・V・フレヴニューク著／石井規衛訳『スターリン――独裁者の新たなる伝記』白水社、2021年
⑯ボリス・スラヴィンスキー著／加藤幸廣訳『日ソ戦争への道――ノモンハンから千島占領まで』共同通信社、1999年
⑰家近亮子『蔣介石の外交戦略と日中戦争』岩波書店、2012年
⑱戸部良一『日中和平工作――1937-1941』吉川弘文館、2024年
⑲同『戦争のなかの日本』千倉書房、2020年
⑳麻田雅文編『ソ連と東アジアの国際政治――1919-1941』みすず書房、2017年
㉑森山優『日米開戦の政治過程』吉川弘文館、1998年
㉒堀田江理『1941 決意なき開戦――現代日本の起源』人文書院、2016年
㉓富田武『日ソ戦争 1945年8月――棄てられた兵士と居留民』みすず書房、2020年
㉔河西陽平『スターリンの極東戦略――1941-1950』慶應義塾大学出版会、2023年

**【大戦前の各国】**

①田嶋信雄『ナチズム極東戦略――日独防共協定を巡る諜報戦』講談社選書メチエ、1997年
②同『ナチス・ドイツと中国国民政府――一九三三―一九三七』東京大学出版会、2013

年
③同『日本陸軍の対ソ謀略——日独防共協定とユーラシア政策』吉川弘文館、2017年
④工藤章・田嶋信雄編『日独関係史　一八九〇—一九四五』Ⅰ～Ⅲ、東京大学出版会、2008年（Ⅱの第２、７章）
⑤田嶋信雄『ドイツ外交と東アジア——1890～1945』千倉書房、2024年
⑥石田憲『ファシストの戦争——世界史的文脈で読むエチオピア戦争』千倉書房、2011年
⑦渡辺和行『フランス人民戦線——反ファシズム・反恐慌・文化革命』人文書院、2013年
⑧ワルター・Ｇ・クリヴィツキー著／根岸隆夫訳『スターリン時代——元ソヴィエト諜報機関長の記録』みすず書房、1962年（第２版1987年）
⑨ルドルフ・シュトレビンガー著／守屋純訳『赤軍大粛清——20世紀最大の謀略』学習研究社、1996年
⑩平井友義『スターリンの赤軍粛清——統帥部全滅の謎を追う』東洋書店、2012年
⑪V. Ivanov. Marshal M. N. Tukhachevskii, Moskva, 1990（トゥハチェフスキー元帥伝）
⑫ V. Mil'bakh. OKVD: Politicheskie repressii komandnogo-nachal'stvuiushchego sostava, 1937-1938, Moskva, 2007（ソ連極東赤軍指揮官の弾圧）
⑬スペイン史学会編『スペイン内戦と国際政治』彩流社、1990年
⑭島田顕『ソ連・コミンテルンとスペイン内戦』れんが書房新社、2011年
⑮Iu.Rybalkin. Stalin i Ispaniia, Moskva, 2016.（スターリンとスペイン）＊著者はロシア人だが、スペイン語が読める。
⑯ S.Lats. Sovetniki SSSR v Ispanii. Pervaia Skhvatka s Fashizumom 1936-1939. Sankt-Peterburg 2020.（ソ連の駐スペイン顧問団）※スペインにおけるベールジンについては、「序言」で挙げた白井・小林編著にO・ゴルチャコーフの露文邦訳がある。
⑰O. Rzhevskii i dr. Zimnaia voina, Kniga 1, Moskva, 1998（ソ・フィン冬戦争）
⑱麻田雅文『蔣介石の書簡外交——日中戦争、もう一つの戦場』上下、人文書院、2011年
⑲アルヴィン・Ｄ・クックス著／岩崎俊夫訳／秦郁彦監修『ノモンハン——草原の日ソ戦-1939』上下、朝日新聞社、1989年
⑳スチュワート・Ｄ・ゴールドマン著／山岡由美訳／麻田雅文解説『ノモンハン 1939——第二次世界大戦の知られざる始点』みすず書房、2013年
㉑秦郁彦『明と暗のノモンハン戦史』ＰＨＰ研究所、2014年
㉒笠原孝太『日ソ張鼓峯事件史』錦正社、2015年
㉓服部聡『松岡外交——日米開戦をめぐる国内要因と国際関係』千倉書房、2012年
㉔安達宏昭『大東亜共栄圏——帝国日本のアジア支配構想』中公新書、2022年

**【諜報関係】**

①西原征夫『全記録ハルビン特務機関——関東軍情報部の軌跡』毎日新聞出版、1980年

②西野辰吉『謎の亡命者リュシコフ』三一書房、1979年
③竹内桂「「満洲国」における対ソ情報活動」『日本植民地研究』11号、1999年（1-16）
④宮杉浩泰「戦前期日本の暗号解読情報の伝達ルート」『日本歴史』703号、2006年（56—72）
⑤同「昭和戦前期日本軍の対ソ情報活動」『軍事史学』49巻１号、2013年（96-114）
⑥森山優「戦時期日本の暗号解読とアメリカの対応——暗号運用の観点から」『Intelligence』９号、2007年（83-91）
⑦田嶋信雄「リュシコフ・リスナー・ゾルゲ——「満洲国」をめぐる日独ソ関係の一側面」（江夏由樹・中見立夫・西村成雄・山本有造編『近代中国東北地域史研究の新視角』山川出版社、2005年。のち、田嶋『ドイツ外交と東アジア』に収録）
⑧リチャード・オルドリッチ著／会田弘継訳『日・米・英「諜報機関」の太平洋戦争』光文社、2003年
⑨小谷賢『日本軍のインテリジェンス——なぜ情報が活かされないのか』講談社選書メチエ、2007年
⑩山本武利『日本のインテリジェンス工作——陸軍中野学校、731部隊、小野寺信』新曜社、2016年
⑪加藤哲郎『情報戦と現代史——日本国憲法へのもうひとつの道』花伝社、2007年（とくに第Ⅱ部「ゾルゲ事件と情報戦」）
⑫H. Kuromiya（黒宮広昭）, The Mystery of Nomonkhan, 1939, *Journal of Slavic Studies* 24(2011), 659-657;  Kuromiya & A. Peplonski, Kozo Izumi and the Soviet Breach of Imperial Japanese Diplomatic Codes, *Intelligence and National Security*, Vol. 28, No.6 (2013), 769-784; Kuromiya, The Battle of Lake Khasan Reconsidered, *Journal of Slavic Studies*, Vol.29, No. 1(2016), 99-109.
⑬A. Kirichenko. Iaponskaia razvedka protiv SSSR. Moskva, 2016（日本の対ソ諜報活動）
⑭E. Primakov (pod red.) Ocherki istorii Rossiiskoi vneshnei razvedki. Moskva.T.2 1917-1993 (1996); T.3 1933-1941(1997)（ロシア対外諜報史概説、全６巻）
⑮V.N. Usov. Sovetskaia razvetka v Kitae: 30-e gody XX veka. Moskva, 2007.（ソ連の30年代中国における諜報活動）
⑯Sbornik dokumentov.Organy gosudarstvennoi bezopasnosti SSSR vo vtoroi mirovoi voine, Pobeda nad Iaponii. Moskva,2020（文書集「第2次世界大戦時のソ連国家保安機関・対日戦勝利」）
⑰D.kolff,C.Takao,Ilya Altman,eds.Sugihara Chiune and the Soviet Union:New Documents, New Perspectives.The Slavic-Euroasian Resarch Center,Hokkaido University,Sapporo,2022

**【回想記・評伝】**

①尾崎秀実著／今井清一編『新編 愛情はふる星の如く』岩波現代文庫、2003年
②石井花子『人間ゾルゲ』徳間文庫、1986年（初版は世界評論社1946年、のち角川

文庫2003年）
③尾崎秀樹『ゾルゲ事件——尾崎秀美の理想と挫折』中公新書、1963年（のち、中公文庫1983年）
④風間道太郎『尾崎秀実伝』法政大学出版局、1968年（原著『ある反逆——尾崎秀実の生涯』至誠堂、1959年）
⑤ブランコ・ヴケリッチ著／山崎洋翻訳『ブランコ・ヴケリッチ　日本からの手紙——ポリティカ紙掲載記事（1933～1940）』未知谷、2007年
⑥川合貞吉『ある革命家の回想』谷沢書房、1983年（初版1953年）
⑦安田徳太郎『思い出す人びと』青土社、1976年（のち『二十世紀を生きた人々』2001年と改題）
⑧安田一郎著／安田宏編『ゾルゲを助けた医者——安田徳太郎と〈悪人〉たち』青土社、2020年
⑨牧瀬菊枝編『九津見房子の暦——明治社会主義からゾルゲ事件へ』思想の科学社、1975年
⑩斎藤恵子『九津見房子、声だけを残し』みすず書房、2020年
⑪渡部富哉『偽りの烙印——伊藤律・スパイ説の崩壊』五月書房、1993年
⑫エルヴィン・ヴィッケルト著／佐藤眞知子訳『戦時下のドイツ大使館——ある駐日外交官の証言』中央公論社、1998年

**【ソ連軍事・軍部史】**

① J.Erickson, *The Soviet High Command: A Military-Political History 1918-1941*, Westview Press, 1960.（スターリン・トゥハチェフスキー関係と軍事理論闘争をソ連に先行して執筆）
②G. Isserson. Razvitie teorii sovetskogo operativnogo iskusstva v 30-e gody, ViZh, No.1, 36-46; No.3, 48-61, 1965.（30年代は若手だった軍事専門家によるソ連の作戦術論の発展）
③Richard Simkin, *The Deep battle: The brainchild of Marshal Tukhachevskii*,1987.（縦深戦の解説）
④M. G. Gorbatov. General'nyi shtab v predvoennye gody, Moskva, 1989.（戦前の参謀本部、本文で紹介した1940年12月の赤軍最高スタッフ会議を略述）
⑤本書主要資料出典④「赤軍最高スタッフ会議」の存在を示して「ソ連先制攻撃」説（V・スヴォーロフ、1990年）の是非を論じたのは、イスラエルのゴロデツキーである。Gabriel' Gorodetskii. Rokovoi samoobman. Stalin i Napadenie Germanii na Sovetkii Soiuz. Moskva, 1999.（運命の自己欺瞞——スターリンとドイツのソ連攻撃）。関連して次の著作も参照されたい。Mikhail Mel'tiukhov. Upushchennyi shans Stalina. Sovetskii Soiuz i bor'ba za Evropu: 1939-1941. Moskva, 2000（スターリンが逸したチャンス——ソ連とヨーロッパをめぐる闘争　1939—1941）
⑥ V. O. Daines. Mikhail Nikolaevich Tukhachevskii. *Voprosy istorii*, No.10, 1989, 38-60.（トゥハチェフスキーの内戦から銃殺まで）
⑦O. F. Suvenirov. Tragediia RKKA 1937-1938. Moskva, 1998.（労農赤軍の悲劇、ウ

ォロシーロフ論あり)

⑧ Lennart Samuelson, *Plans for Stalin's War Machine, Tukhachevskii and Military-Economic Planning*, 1925-1941, MacMillan, 2000.

⑨ O. Khlevniuk, Stalin, and the Generals: Restructuring Trust During WWII. *Europe-Asia Studies*, May 2022, 523-543.(大戦中のスターリン・赤軍幹部の関係好転)

著者

**富田　武**（とみた・たけし）

1945年生まれ。東京大学法学部卒業。成蹊大学名誉教授。専門はロシア・ソ連政治史、日ソ関係史、シベリア抑留。著書『スターリニズムの統治構造』（岩波書店、1996年）、『戦間期の日ソ関係』（岩波書店、2010年）、『シベリア抑留者たちの戦後』（人文書院、2013年）、『シベリア抑留』（中公新書、2016年、アジア・太平洋賞特別賞）、『日本人記者の観た赤いロシア』（岩波現代全書、2017年）、『歴史としての東大闘争』（ちくま新書、2019年）、『シベリア抑留者への鎮魂歌』（人文書院、2019年）、『日ソ戦争 1945年８月』（みすず書房、2020年）、『日ソ戦争 南樺太・千島の攻防』（みすず書房、2022年）、『シベリア抑留関係資料集成』（共編、みすず書房、2017）などがある。

組版：キャップス

**ゾルゲ工作《こうさく》と日独《にちどく》ソ《そ》関係《かんけい》**

**資料《しりょう》で読《よ》む第二次世界大戦前史《だいにじせかいたいせんぜんし》**

2024年9月20日　第1版第1刷印刷
2024年9月30日　第1版第1刷発行

著　者　富田《とみた》　武《たけし》

発行者　野澤武史

発行所　株式会社山川出版社
東京都千代田区内神田1－13－13　〒101－0047
電話　03(3293)8131(営業)
03(3293)1802(編集)

印　刷　株式会社シナノパブリッシングプレス

製　本　株式会社ブロケード

装丁・本文デザイン　黒岩二三［Fomalhaut］

https://www.yamakawa.co.jp/



ISBN 978-4-634-15250-2